Consejos

PARA

HABLAR BIEN
EN PÚBLICO

Aprenda a comunicarse
de manera SORPRENDENTE

Rigoberto Gálvez

T0014642

EDITORIAL CLIE
C/ Ferrocarril, 8
08232 VILADECAVALLS
(Barcelona) ESPAÑA
E-mail: clie@clie.es
http://www.clie.es

CONSEJOS PARA HABLAR BIEN EN PÚBLICO
Aprenda a comunicarse de manera sorprendente
ISBN: 978-84-19055-44-6
Depósito Legal: B 23539-2022
Vida cristiana
Crecimiento profesional
REL012090

Impreso en Estados Unidos de América / *Printed in the United States of America*

23 24 25 26 27 LBC 5 4 3 2 1

Contenido

Segunda parte
Consejos sobre el orador

Tercera parte
Consejos sobre el público

Cuarta parte
Consejos sobre locación y circunstancias

Introducción

A los siete años de edad me disponía a ir a mi primer día de clases. Mi madre me acompañaba con la intención de procurarme confianza para que me quedara con los demás niños. Yo iba con el natural miedo que se mezcla con el entusiasmo cuando todo ser humano comienza algo nuevo. Tuvimos un retraso. La clase había comenzado. Eso me causó un poco más de nerviosismo. En mi mente infantil pensé que solo tenía que entrar, no interrumpir y buscar un lugar lo más atrás posible para quitarme de encima el miedo que me agobiaba. Al llegar a la puerta de entrada del salón, mi madre, tomándome de la mano izquierda, empujándome suavemente hacia adelante, dijo: "¡Buenos días profesora, traigo a mi hijo!" por el saludo de mi madre y el obvio anuncio de mi llegada, me quedé paralizado justo en la puerta. Mientras mi madre dio la vuelta para retirarse, la maestra exclamó: "¡Un nuevo estudiante! ¡Bienvenido! pasa adelante, ven para acá", dijo, señalando con el dedo índice la parte de enfrente donde estaba el pizarrón. Ahora nos vas a decir tu nombre, anunció. En ese momento sentí simultáneamente cómo el estómago se me revolvía, mi corazón latía más fuerte, un calor subía de mi vientre a la cabeza. Me sonrojé. Sentí caliente todo mi rostro. Tuve la sensación de que la garganta se me cerraba. No pude decir mi nombre frente a los alumnos sentados que me observaban.

Ese evento marcó mi vida. Cada vez que tenía que hablarle al grupo de estudiantes o pasar al pizarrón entraba en espanto y me sonrojaba. Ello provocó que resbalara en la timidez crónica y que el pánico escénico me cubriera como un manto. Esto se repitió durante todos mis estudios de pregrado.

Años más tarde, vino el primer punto de inflexión en mi vida. Escuché a través de la radio a un conferencista hablar sobre cómo todos podíamos enfrentar nuestros miedos, reponernos de nuestras falencias, vencer toda clase de obstáculos y triunfar en la vida. Al terminar de oírlo, una fuerza interior brotó en mí y me empujó a desear vencer mi mayor fobia: hablar ante compañeros de estudio y grupos de personas. Estuve forcejeando durante meses con esos afanosos deseos.

Finalmente me armé de valor. Al mismo tiempo que proseguía estudiando mis clases en la escuela, comencé a estudiar sobre cómo comunicarme de manera efectiva, creyendo que podía vencer mi trauma y también compartir discursos que beneficiaran a los demás. Pero todavía estaba atrapado en el dilema. Después de algunos tanteos comencé a practicar en mi habitación. Semanas más tarde les pedí a mi madre y a mis hermanos que me escucharan durante un tiempo breve, pues quería exponerles un tema que presentaría en una clase a nivel de licencia. Aceptaron. Nos reunimos en la sala, ellos se sentaron y yo de pie me dispuse a compartirles el tema. A pesar de que estábamos en familia, me sentía nervioso, tartamudeé un poco, pero arranqué. Mientras avanzaba, me percaté que fluía en el desarrollo del tema. Logré finalizar. Me felicitaron y me animaron. A partir de ahí comencé a perder la timidez. Cada vez lo hacía mejor. Ya no rehuía el hablar ante mis compañeros de estudio; cuando se me requería, lo hacía. Siempre me sentía nervioso, el miedo se asomaba, pero estaba impregnado de entusiasmo por lograrlo otra vez. Se habían roto las cadenas de la timidez crónica. El pánico escénico había desaparecido. Ahora entiendo que ahí inicié el camino de hablar en público.

Seguí disertando con ciertos resultados. Pero me faltaba llegar al siguiente punto de inflexión en el que entendería que ya no era suficiente hablar en público con discursos aceptables, sino con extraordinarios. Comprendí que era necesario preparar discursos lo más sólidos posible que cambiaran la manera de pensar de los oyentes; que resultara en una auténtica transformación personal, en la familia, el trabajo, la profesión, los negocios, las finanzas, la salud, la comunidad y las demás áreas de la vida.

De manera formal comencé a exponer a grupos desde el año 1982, luego en instituciones religiosas a partir de 1987 hasta la fecha. Más adelante incursioné en las conferencias académicas, paneles, mesas redondas, en escuelas y facultades universitarias, en congresos y convenciones en varios países. He sido catedrático en universidades y en instituciones religiosas en el ámbito humanístico desde el año 1992 hasta el presente. En el año 1995 entré al ámbito de la comunicación escrita en la que sigo trabajando. Por experiencia propia, afirmo que todos los seres humanos pueden aprender el arte de hablar en público. Excepto los que, por causa de una enfermedad de nacimiento, demencia irreversible o un accidente tengan dañados sus oídos, sus cuerdas vocales, su tráquea o su lengua.

Los tímidos, los ignorantes, los acomplejados pueden convertirse en oradores destacados. Con mayor razón los que tienen la inclinación nata de hablar con facilidad y se comunican con espontaneidad.

Comparto estos consejos para hablar con éxito en público, confiando que todo aquel que lea este libro y lo lleve a la práctica aprenderá en seguida a comunicar un discurso sorprendente.

Rigoberto Gálvez

PRIMERA PARTE
Consejos sobre el discurso

Consejos sobre el discurso

1. Capte la atención desde el inicio

Está comprobado que el orador tiene de treinta a sesenta segundos para captar o repeler la atención del público. Las primeras palabras que usted pronuncie son de primerísima importancia.

El orador extraordinario cautiva la atención de los oyentes desde el principio. Provoca que las personas se dispongan para recibir el resto del contenido del discurso[1].

2. Desactive la exposición selectiva

Cuando el orador no capta de inmediato el interés de los asistentes, se activa la exposición selectiva en el cerebro. Este se dispone solo a lo que le atrae, lo demás lo desecha de manera instintiva. Ello impide que los asistentes entiendan lo que están oyendo. No es falta de respeto al orador, ni distracción pura, es la forma de funcionar del cerebro humano. Cuando el cerebro percibe aburrimiento apaga el interruptor. El oyente se queda en automático. Pero si la materia gris capta algo interesante, acciona los sentidos para escuchar, entender y actuar (McClintock, 1993).

3. Acciones que captan la atención desde el inicio

Prepare un buen comienzo

Invierta el tiempo que sea necesario para que el inicio sea atractivo. Una de las cuestiones más difíciles es diseñar un comienzo interesante,

---

1. El discurso es una exposición oral sobre un asunto determinado, pronunciado ante un público a fin de convencerlo. La conferencia es una disertación en público sobre un tema o un asunto especializado. En este libro usamos de manera intercambiable los términos discurso y conferencia en algunas ocasiones.

porque requiere disciplina y pensar durante horas de manera concentrada. Algunos no lo hacen porque pensar cansa. Prefieren improvisar. Es ahí donde el discurso comienza a dar traspiés. Esfuércese para encontrar las palabras exactas que expresará en el inicio. Le aseguro que no se arrepentirá del tiempo invertido. Observará la receptividad plena de la audiencia.

Una acción que le ayudará es practicar frente a   personas de su confianza. Ahí observará los rostros y las actitudes durante el primer minuto de su conferencia. Eso le retroalimentará sobre qué reacomodar para que el discurso tenga rasgos definidos.

Puede crear expectativa en los primeros segundos por medio de una historia. Esta produce imágenes mentales que estimulan los sentidos. Eso es lo que planean muy bien los productores de películas y telenovelas. En segundos han creado curiosidad por medio de imágenes.

La fase inicial siempre será importante para que el público permanezca atento al desarrollo de su argumento y espere el desenlace.

Escoja bien las primeras frases

Esta acción va de la mano con la anterior: "En los discursos es de primerísima importancia comenzar bien...mucho depende de la primera impresión y de las palabras iniciales. A menudo se gana o se pierde un auditorio con las cinco o seis primeras frases" *(Carnegie, 2003)*. Los oradores destacados saben que no pueden fallar en el comienzo. Se esmeran en elaborar un inicio atrayente.

Los publicistas conocen bien el secreto de captar la atención en cinco segundos. Sus anuncios duran treinta segundos. Ellos saben que, si un mensaje comercial por televisión, por radio, o en las redes sociales, no es capaz de retener al cliente potencial en esos primeros instantes, no sirve. El televidente o radioyente cambiará de estación, se levantará al baño o irá a la cocina.

Los titulares de la prensa son el equivalente a las imágenes y palabras en los primeros segundos en televisión. Nadie tiene el tiempo de leer todo el contenido escrito. Leerá lo que capte su atención en los titulares.

Es más fácil captar la atención de una audiencia en un discurso porque el orador ya la tiene cautiva físicamente. Las personas han ido particularmente a escuchar su conferencia. Están con la disposición inicial. Si el orador no sabe aprovechar esas oportunidades, mejor que busque otra ocupación.

Use oraciones específicas

Muchos discursos comienzan con proposiciones como estas:

"En todo el país el matrimonio está en crisis".

"La contaminación ambiental nos está afectando a todos...".

"Actualmente vivimos en una época de estrés...".

"Todos los seres humanos se han enfrentado con la realidad del sufrimiento...".

"Hoy por hoy todos los países están secularizados y no buscan los asuntos éticos...".

"Estamos en tiempos difíciles...".

"Hoy en día las cosas van de mal en peor".

¿Qué tienen en común estas frases? Todas son afirmaciones corrientes. Espolean al orador a digresiones que provocan incertidumbre en los oyentes. El propósito es atraer la atención de los oyentes, pero estas palabras producen lo contrario, la ahuyenta.

Use introducciones vivenciales

Si comienza con argumentaciones abstractas o pomposas tipo enciclopedia está sentenciado al fracaso. Pero si usa ejemplos claros, diálogos, relatos, en los que la audiencia se siente identificada porque toca aspectos de interés común, ha iniciado bien. Despertará atracción en el público.
Si en lugar de comenzar así:

"En todos los países el matrimonio está en crisis, estamos viviendo una degradación moral sin precedentes. Los movimientos que están en contra del matrimonio se han multiplicado; han impactado negativamente a tal grado que muy pocos consideran importante el matrimonio". Ese es un estilo enciclopedia. Es aburrido.

Comienza así:

"Hace tres años mi matrimonio estuvo a punto de destruirse".

"Ayer un amigo me llamó para decirme que tenía en sus manos los papeles para firmar el divorcio".

"Las estadísticas revelan que, de cada cinco matrimonios, tres piensan divorciarse y dos lo consuman".

Nadie se quedará indiferente. Todos se identificarán con el alto grado de deterioro del matrimonio. Pensarán que es tan serio que, si no toman acciones concretas con su matrimonio, enfrentarán la posibilidad de que el divorcio toque las puertas de su casa. En este punto están deseosos de escuchar lo que quiera decir el orador en relación con el tema. Esperan que les de consejos de cómo evitar que sus matrimonios se arruinen.

Si en lugar de comenzar así:

"La contaminación ambiental nos está afectando a todos. Tenemos que tomar algunas acciones, porque las consecuencias son graves a nivel mundial. En algunos países ya padecen escasez de agua...bla, bla, bla".

Comienza así:

"El 20 de abril de 2010, las aguas del golfo de México se convirtieron en una marea negra por la explosión de una plataforma petrolífera, derramando petróleo de forma incontrolada. Millones de especies acuáticas murieron".

Todos captarán las consecuencias graves de una contaminación de esa índole. Estarán preparados para escuchar la transición que hará hacia un tema de contaminación ambiental con el título: "Cómo contribuir a la lucha de la contaminación ambiental".

Si en lugar de comenzar así:

"En las grandes ciudades los accidentes de tráfico están aumentando, bla, bla, bla".

Comienza así:

"El viernes por la mañana fui testigo de un trágico accidente...".

"Hoy al mediodía, a un camión que transportaba combustible no le funcionó el sistema de frenos y colisionó contra cuatro vehículos que esperaban que el semáforo cambiara a luz verde".

"En nuestra ciudad, de todos los que fallecen a diario, la mitad son a causa de accidentes de tráfico".

En el acto, los oyentes se identifican con el peligro latente al que se enfrentan a diario.

Use estadísticas confiables

Si en lugar de comenzar así:

"Actualmente vivimos en una época de estrés. Es un proceso natural del cuerpo humano, que genera una respuesta automática ante condiciones externas que resultan amenazadoras o desafiantes".

Comienza así:

"Un estudio realizado en la Universidad de Barcelona, publicado en el año 2017, reveló que el 70% de los problemas de estómago se relacionan con el estrés".

Todos los oyentes se impresionarán y desearán escuchar la conferencia "Cómo manejar el estrés".

Sin en lugar de comenzar así:

"La obesidad es una enfermedad crónica de origen multifactorial prevenible que se caracteriza por acumulación excesiva de grasa o hipertrofia general del tejido adiposo en el cuerpo; es decir, la obesidad es la acumulación enorme de grasa, es una reserva natural de energía de los humanos y otros mamíferos…bla, bla, bla…".

Comienza así:

"Cada año fallecen en el mundo por lo menos 2,8 millones de personas como consecuencia del sobrepeso o la obesidad".

"El sobrepeso y la obesidad son la quinta causa de muertes en el mundo".

A todos los asistentes se les encenderá su alarma interna y querrán escuchar la conferencia "Cómo adelgazar de manera segura".

Si en lugar de comenzar así:

"Estamos preocupados porque en la actualidad han aumentado las muertes por negligencia médica. Todos lo sabemos porque le ha sucedido a alguno de nuestros amigos o parientes".

Comenzamos así:

"En el año 2000, la Dra. Barbara Starfield publicó un estudio que revela que los médicos son la tercera causa principal de muerte en los Estados Unidos, al acabar con la vida de un estimado de 225 000 pacientes cada año".

Sin ninguna duda, los ejemplos que caen en la ambigüedad distancian a la audiencia, pero los ejemplos específicos que se sustentan con estadísticas, estudios científicos, afirmaciones vivenciales impactan. Captan la atención.

Emplee un lenguaje de imágenes concretas

No importa cuán complejo sea el tema, es posible explicarlo con ejemplos concretos de la vida diaria. Un maestro de Galilea llamado Jesús de Nazaret lo realizó de manera espléndida hace dos mil años. Para disertar sobre el enojo, la humildad, la fe, el amor, la hipocresía, la venganza, la diligencia, la perseverancia, la esperanza, la confianza, el perdón, la prudencia, la gratitud, la vida después de la muerte, sobre la inmortalidad del alma, no lo hizo al estilo de los filósofos griegos con un lenguaje abstracto, lo hizo de una manera concreta con el lenguaje del pueblo.

Jesús de Nazaret se comunicaba perfectamente tanto con eruditos, sabios y profesionales como con amas de casa, pastores de ovejas, artesanos, tejedores, comerciantes y pescadores. El lenguaje que Jesús utilizó era el que la gente común entendía. Jesús les habló como alguien que dialoga amigablemente. Sus parábolas, historias y ejemplos inquietan aún al hombre moderno. Invitan a ser leídas por los niños, los jóvenes, los adultos y los ancianos. Estas suenan como noticias del día que se escuchan en los medios modernos de comunicación (Jaramillo, 1998).

Su comunicación fue extraordinariamente efectiva. La hermosura, sencillez y profundidad de su mensaje llegó a los corazones de todas las personas que lo escucharon. Muchos dijeron frases como estas: "Nadie ha hablado como este", "Jesús enseña con autoridad y no como los escribas".

Jesús utilizó los mejores recursos didácticos y las mejores técnicas de comunicación para ser efectivo en su mensaje. Usó parábolas tan bellas como la del sembrador, la del hijo pródigo, la oveja perdida[2]. Usó

---

2. Son ejemplos terrenales de la vida diaria para enseñarnos verdades espirituales.

el símil[3], tal como lo muestra el pasaje en que Jesús se lamenta sobre Jerusalén: "¡Cuántas veces quise juntar a tus hijos, como la gallina junta a sus polluelos debajo de sus alas, y no quisiste!" (Martínez, 1997).

Jesús también utilizó la metáfora[4] para describir características esenciales de su persona: "Yo soy la luz del mundo", "Yo soy la puerta", "Yo soy el Buen Pastor". La hipérbole fue una de las figuras del lenguaje preferidas por Jesús[5]. Unas de las más conocidas son las siguientes: Y ¿por qué miras la paja que está en el ojo de tu hermano y no echas de ver la viga que está en tu propio ojo?" (Mt. 7:3) ¡Guías ciegos, que coláis el mosquito y tragáis el camello! (Mt. 23:24)".

Además, Jesús hizo uso de la alegoría[6]. Ejemplos: la alegoría del buen "pastor" en Juan (10:7-18) se observa que las palabras claves son otras metáforas: "oveja", "rebaño", "ladrones", "bandidos" y "asalariado". Cada una de estas expresa figuradamente una realidad de diferente tipo. Aun cuando Jesús usaba figuras del lenguaje, buscaba las más sencillas. Basta leer la manera en que hablaba con los pescadores acerca de cosas tan comunes para ellos. "Remiendos nuevos en vestidos viejos", "lámparas que no se encienden para luego colocarlas debajo de la mesa o cajón", "sal de la tierra y luz del mundo".

Otro de los recursos que usó Jesús frecuentemente fue el diálogo, uno de los más conocidos es el que realizó con la mujer samaritana. Es impecable.

Otro método que utilizó fue el proverbio. Por ejemplo, el referido a la enfermedad del cuerpo en aquellos que se dedican a curar las enfermedades: "Médico cúrate a ti mismo".

Jesús también es un maestro del contraste. "Los religiosos imponen pesadas cargas a los demás, pero ellos no quieren tocarlas ni siquiera con un dedo". Estos mismos son los que "cuelan el mosquito y se tragan el camello". Por eso vienen a ser como sepulcros blanqueados: "Limpios por fuera y sucios por dentro".

Jesús es un comunicador especialista en el uso de comparaciones e imágenes tomadas de la vida real. Él habla de los cuervos que ni siembran ni siegan, ni recogen en graneros, pero que Dios los alimenta. Igualmente menciona a los lirios blancos del campo, que ni hilan ni

---

3. Consiste en una comparación formal entre dos objetos.

4. Es una comparación implícita que no se extiende formalmente como el símil, no aparece la palabra "como", pero si es más breve y en consecuencia más aguda.

5. La hipérbole es una exageración evidente que tiene por objeto aumentar el efecto de lo que se dice.

6. Esta es una sucesión de metáforas, generalmente combinadas en una forma de narración, de cuyo significado literal se prescinde.

tejen, pero que se visten aún con más gloria que Salomón. Echa mano de las imágenes del rayo que resplandece de un extremo a otro, los zorros del campo con sus cuevas y de los pájaros con sus nidos.

Jesús saca de la vida humana una cantera de imágenes como instrumento de su comunicación. En sus relatos aparecen los siervos fieles e infieles, los mayordomos, los pastores, las viudas, los trabajadores, los labradores, los muchachos, los padres y los hijos.

Jesús no solamente ha sido el mejor comunicador que ha existido por sus técnicas y recursos empleados, sino porque su comunicación lleva una implicación "vivencial". Es una comunicación existencial. Esta corre pareja con la vida y la actividad de los oyentes. Invita a vivir el mensaje. Es parte misma del que comunica y del que está dispuesto a recibirlo. Expresiones como estas: "Ve tú y haz lo mismo", "Vengan a ver con sus propios ojos", cuando se referían a la forma y el lugar donde vivía Jesús; "Vayan y cuéntenle a Juan lo que están viendo y oyendo".

La comunicación vivencial de Jesús se manifestó vívidamente cuando tuvo un encuentro con la samaritana en el pozo de Jacob; con Zaqueo, el recaudador de impuestos arrepentido de su mala actuación, con la mujer adúltera, con Bartimeo el ciego.

Cuente buenas historias

Si comienza a narrar historias pertinentes, todos estarán atentos, pues son relatos vivenciales, no temas imprecisos. Estas harán que los oyentes se den por aludidos. Se asombrarán de que es tan real lo que oyen, que les concierne.

Salas afirma: "Cada vez que escuchamos una historia, en nuestro cerebro pasan muchas cosas: se empiezan a segregar varios neurotransmisores. Uno de ellos es la oxitocina, relacionado con la empatía, el cual es uno de los mayores pegamentos sociales. Pero el neurotransmisor que más nos interesa aquí se llama dopamina". Está comprobado que la dopamina despierta inmediatamente la curiosidad y la atención humana. Salas expresa a continuación: "Basta con que anuncie *les voy a contar una historia*, esas palabras mágicas anuncian que allí va a pasar algo interesante. Nos hacen adictos a la dopamina" (Salas, 2017).

Recuerde: cuando usted comienza a contar una buena historia, inmediatamente los cerebros de los oyentes comienzan a segregar oxitocina, el neurotransmisor del involucramiento afectivo y la dopamina, el neurotransmisor de la curiosidad y el placer.

Eso sí, las historias tienen que ir en consonancia con el tema del discurso. De lo contrario, es pura entretención.

Cuente anécdotas pertinentes

Si nuestro discurso se enfocara sobre "cómo ser libres de la tecnofilia"[7], una introducción que muchos entenderían fácilmente sería la de contar una anécdota sobre el abuso del *smartphone*, las redes sociales, los videojuegos, la inundación de publicidad seductora, chats, la pornografía... Ello demostraría que se ha convertido en una epidemia de esclavitud emocional. La audiencia se identificará de inmediato y se dispondrá para escuchar con ánimo la conferencia.

Otra opción:

"Cuente una fábula, un relato con sabiduría... La idea es comenzar con una breve historia de 60 a 90 segundos que catapulte su discurso y cautive a sus oyentes. Asegúrese de que la fábula sintetiza el punto clave de su mensaje" (Price, 2012).

Comience con una pregunta

Funciona comenzar con una pregunta hacia los oyentes. Los pone inmediatamente a pensar en las posibles respuestas. Es una manera infalible de captar su atención. La pregunta tiene que estar bien planteada, que apunte a un tema específico, para que no dé lugar a tan variadas respuestas. No faltará alguien del público que alce la voz y dé una respuesta comprometedora que desvíe el propósito de la conferencia.

La forma de atraer a los interlocutores por medio de preguntas es tan antigua como el mismo Sócrates. Este la empleaba para enseñar sus conocimientos, en medio de los diálogos. Ante la respuesta de sus oyentes, explicaba y repreguntaba.

La otra modalidad es lanzar una pregunta retórica en la que se sepa implícitamente la respuesta: "Como Shakespeare escribió en 'El Mercader de Venecia': Si nos pinchan, ¿acaso no sangramos? Si nos hacen cosquillas, ¿acaso no reímos? Si nos envenenan, ¿acaso no morimos? Y si nos agravian, ¿no debemos vengarnos?" (Price, 2012). En este tipo de pregunta, el orador no espera una respuesta, sino el silencio que confirma que saben la respuesta, despertando intriga para escuchar lo que sigue.

---

7. La tecnofilia consiste en una atracción obsesiva por mantener a la mano un objeto tecnológico con o sin conexión a internet.

Comience con una afirmación o una negación

He aquí algunos ejemplos:

"Los intereses se negocian, los principios, jamás" (Konsevick).

"Si salimos, llegamos; si llegamos, entramos; si entramos, triunfamos" (F. Castro).

"Nadie puede servir a dos señores" (J. Nazaret).

"Nadie es profeta en su propia tiera" (J. Nazaret).

De inmediato el público pensará: "¿Por qué está diciendo eso?". Le entrará la curiosidad. Podrá intuir la implicación de expresar una afirmación concluyente o de la negación rotunda:

"La ciencia provocó la conversión del ateo más famoso del mundo: Antony Flew".
Implicación: ¡Nada es imposible!

"Nadie puede servir a dos señores" (J. Nazaret).
Implicación: Hay que definirse para triunfar.

Muestre algún objeto

Mostrar una simple llave, un lápiz, una hoja de papel en blanco, un reloj, una caja, un bonsái, un vaso, una moneda, una foto, resulta muy útil.

La célebre frase "Dad al César lo que es del César y a Dios lo que es de Dios" la expresó Jesús de Nazaret. Fue la respuesta que dio en ocasión a una trampa que le habían tendido los religiosos de la época al preguntarle: ¿Es lícito dar tributo al César? Para responderles, él pidió una moneda y, mostrándola, preguntó a todos los oyentes: ¿De quién es la imagen que aparece en esta moneda? Todos contestaron: "Del César". Luego Jesús tapó la boca de los religiosos hipócritas con la inmortal respuesta.

Recuerdo a un conferencista que mostró dos hojas de papel tamaño carta pegadas. Intentó separarlas sin que se rompieran, pero fue imposible. Luego afirmó: "Siempre habrá destrucción cuando se da un divorcio". La conferencia se relacionaba con las consecuencias destructivas del divorcio. Impresionados todos, estábamos listos para escuchar la conferencia que había preparado.

Estimado lector, si su conferencia trata sobre cómo vencer el estrés o un tema similar, vea cómo el Dr. Rosetti ilustra de manera clara el problema del estrés. Muestra en una mesa una balanza para ejemplificar que un plato de la balanza simboliza la resistencia, que es más fuerte o igual que la carga negativa del estrés en el otro plato. En el momento que las cargas pesan más que las resistencias, la balanza se inclina hacia el lado negativo y vienen los problemas de la tensión. También muestra un camión de plástico y le va echando piedras hasta sobrepasar la capacidad de carga del camión. El ser humano, a semejanza del camión, está capacitado para soportar cierta carga, no más. Cuando sobrepasa la capacidad de resistencia por el exceso de peso, vienen los síntomas del estrés y, si continúa igual por un buen tiempo, aparecerán las enfermedades. https://www.youtube.com/watch?v=Vg5sfCX8B8I

Cite frases famosas

Sócrates dijo: "Conócete a ti mismo".

Jesús dijo: "Niégate a ti mismo".

Mark Twain dijo: "La peor soledad es no estar a gusto con uno mismo".

Comience con una información sorprendente

"El ave que vuela más alto es el buitre Griffon De Rupell, uno de ellos chocó contra un avión que sobrevolaba la Costa de Marfil a 11 277 metros".

Esta afirmación preparará a la audiencia a escuchar una conferencia sobre la realidad de que en este mundo estamos expuestos a toda clase de peligros repentinos. "Estamos viviendo a la intemperie".

Inicie con un vídeo corto

Si la presentación tratara sobre "cómo construir marcas valiosas", un vídeo en el que se muestren los testimonios de clientes convincentes, satisfechos con el producto, llamaría la atención de inmediato.

Si la conferencia se relacionara con una apertura de un evento de recaudación de fondos para las especies en peligro de extinción, sería pertinente mostrar un vídeo. Uno que vendría como miel sobre hojuelas es el que muestra a la Tortuga Punk con su imagen exótica, anunciando que el portal de internet *Science Alert* ha comunicado que este reptil se suma a la lista más reciente de especies vulnerables del planeta. La razón es que en la década de los setenta, en casi todos los hogares australianos la poseían como mascota.

Sin lugar a duda, todos los asistentes quedarían impresionados queriendo saber más del tema y ser parte de la solución.

4. No use frases contraproducentes

Comienza a desinteresar a los oyentes si comete el error de usar frases desacertadas en los primeros segundos.

Ejemplos:

Quiero que me presten su atención

No es necesario que lo diga. Si ya están allí, es porque tienen expectativas. Están interesados en escuchar al conferencista. Usted es el responsable de captar su atención o aburrirlos. No exija que las personas presten atención. Cuando lo hace, está poniendo al descubierto su incapacidad para captar el interés de las personas. La atención de los oyentes se cautiva, no se exige.

No estoy muy bien de mi garganta

Decir algo negativo en los primeros segundos es un gran error. En lugar de poner atención al discurso, les está desviando a que pongan más atención a su garganta. Si está afectado no lo diga, algunos lo notarán, otros no. Lo importante es que escuchen lo que tiene que decir, aunque la voz suene parecida al sonido de una trompeta desgastada.

Perdón por mi voz que no está clara

Usted no tiene que disculparse. Si comienza a pedir perdón, está confesando que usted se siente culpable por no ir en la mejor condición y exponer su presentación de la manera que usted quisiera. Eso lo pone en desventaja frente a la audiencia. Esa expresión va en la misma dirección negativa que la anterior.

No me preparé muy bien

Es un error grave anunciar que no tuvo tiempo de prepararse para una conferencia. Los oyentes perderán el interés de inmediato y lo tildarán de irresponsable. Si tuvo algún evento de fuerza mayor que le impidió prepararse, no lo diga. Eche mano del conocimiento acumulado que posee sobre el tema. Asumo que las conferencias que usted imparte las conoce bien.

El sonido no está muy bien

No es necesario decirlo. Le costará arrancar y captar la atención. Tampoco le conviene irritarse y pedir, con un rostro avinagrado, que arreglen el sonido o que le suban volumen. Se supone que usted tiene dominio propio como profesional de la comunicación. No pierda la calma. Los responsables del evento tratarán de resolver el inconveniente.

Denme un tiempo para empezar a explicar

Pensarán que no domina el contenido del discurso, que está tratando de ver cómo logra iniciar. Es un indicio de que usted es de los que abusa del tiempo de los oyentes que amablemente le han cedido. Da la impresión de que no puede empezar a explicar ya.

Perdón que no veo bien

Nadie se emociona al escuchar a alguien que anuncia que estará forcejeando con las letras que no logra ver. Algunos oradores todavía no se resignan a usar sus gafas. ¡Úselas! Es mejor eso que leer entrecerrando los ojos para distinguir las vocales de las consonantes. Y si las usa, por favor no caiga en la manía de estárselas quitando y poniendo. Si le da pena o vergüenza usar gafas, sométase a una cirugía láser ¡y listo! Eso sí, prepare suficiente dinero.

No quiero aburrirles

El mensaje que les está dando a los oyentes es que usted sí es capaz de aburrirlos, pero que esa no es su intención. Tan solo con decir esa frase ¡ya comenzó a aburrirlos!

Les voy a dar una conferencia importante

Con esa frase quiere impresionar a la audiencia, pero suena vacía. Quiere decir mucho, pero no está diciendo nada. Esa es una *frase burbuja*[8]. Es

---

8. Así llamo a las frases que suenan bonitas, pero son vacías, a semejanza de las burbujas de agua y jabón que reflejan bellos colores, pero en pocos segundos se revientan.

como las otras frases que le dicen a uno cuando expresa una opinión sobre un tema serio y la respuesta que le dan es "muy linda", "muy bonita", "ummm, interesante". Es un cumplido el que le están diciendo. Sí, linda, bonita, interesante, pero no funciona, es lo que realmente le quieren decir.

He estado en jornadas intensas de conferencias

Esa frase envía varios mensajes. Está cansado, presumiendo o pidiendo comprensión. A la audiencia no le interesa mucho cómo se siente. Les interesa oír la conferencia. Para eso están presentes.

¿Pueden oírme los de atrás?

Usted inquieta al público al poner en duda si todos oyen. Que solo escuchen los que están al alcance de su voz. No gana nada al cuestionar si el sonido es efectivo para todos.

No les veo a todos

El expresar esta frase puede ser resultado del nerviosismo del orador o la falta de sentido común. Se da por sentado que no es posible ver a toda la audiencia. A más de 20 metros de distancia es imposible identificar a cada uno, mayormente si hay reflectores al frente.

Este punto lo tocaré más adelante

No es conveniente que anticipe a cada cierto tiempo que abordará puntos "más adelante". Usted mismo se está interrumpiendo y desviando la atención de su auditorio. A todos nos ha sucedido más de una vez. El problema es cuando se convierte en costumbre. He oído oradores que lo dicen una y otra vez y al final no terminan hablando de lo anunciado al principio. Eso es falta de respeto y de profesionalismo.

¡Apaguen sus teléfonos!

Hoy en día es casi imposible que la audiencia obedezca esa petición. Muchos de ellos están usando sus teléfonos para anotar, grabar. Otros decidirán escuchar atentamente la conferencia sin usar su dispositivo móvil.

No escriban, les enviaré mi presentación

El orador cae en este error porque siente que no le están poniendo atención cuando escriben los asistentes. Pero hay ideas que se olvidarán para siempre si no se anotan. Ni se le ocurra hacerlo. Diserte libremente. Que ellos anoten las nuevas ideas que brotan al escuchar el discurso.

Seré breve

Casi todos los conferencistas que dicen esa frase no son breves. Tienen buena intención, pero mienten. Pierden autoridad y serán mal recordados. Otro inconveniente con esa afirmación es que envían el mensaje de que no es importante lo que van a decir.

Los que no vinieron se lo perdieron

Cuando un conferencista expresa esta frase exhibe su frustración. Da a entender que la asistencia es baja, que se siente incómodo porque el cupo no se llenó. Eso es contraproducente, en lugar de animar a los presentes, los desmotiva.

Mi conferencia destruirá prejuicios.

Es impresentable expresar semejante afirmación, peor aún en las primeras palabras. La audiencia puede interpretarlo como arrogancia y se pondrá a la defensiva. Deje que el contenido de la conferencia los derribe. ¡Que caigan por su propio peso! Que las verdades cuajen con espontaneidad en los que las reciban con disposición y que resbalen en los orgullosos. Si usted habla con verdad, con pruebas y con conocimiento de causa, siempre habrá buenos resultados.

No soy bueno para hablar en público

Si se encuentra con un grupo de personas en una reunión de trabajo o de familia y le invitan a que diga unas palabras, le suplico que no diga esas frases comunes: "soy de pocas palabras", "no soy bueno para hablar en público". Nadie espera que usted pronuncie un discurso brillante. Lo que quieren escuchar son palabras que broten de su corazón. Solo enfóquese en el propósito de la reunión: cumpleaños, graduación, aniversario, de estudio… y exprese felicitaciones, gratitud, respeto, admiración y ánimo para continuar.

Otro consejo, cuando le pidan que hable, hágalo, aunque tenga miedo, no se haga de rogar, porque eso causa una mala percepción de usted. Proceda de inmediato. Hágalo con agrado. Si usted ya ha disertado, pero sabe que es un principiante, tampoco exprese frases como estas: "no soy un orador consumado", "todavía estoy aprendiendo a dar conferencias", "hablar en público no es mi fuerte"... En nada, absolutamente en nada, esto le ayuda. No se niegue a decir algunas palabras. Solo provocará lástima. En algunos casos despertará enojo y desearán lanzarle tomates.

¿Qué tienen en común todas estas frases contraproducentes?

Son distractores. Las personas han ido para escuchar una conferencia fructífera. Esperan recibir información valiosa, conocimientos e instrucciones prácticas para enfrentar la vida diaria, la enfermedad, los negocios. Invierten tiempo y dinero para superarse, no para oír quejas, excusas o improvisaciones que hacen que se desvíen de la expectación que ellos llevan.

5. Evite acciones que entorpezcan el discurso

Elaborar introducciones largas

La introducción de su conferencia debe ser eso: una introducción, no una desproporcionada información que los oyentes confundan con el contenido de la conferencia. Esta tiene que ser breve, clara y coherente con el tema anunciado. Comience con información concreta: hechos, historias, experiencias personales. La audiencia se identificará de inmediato.

Iniciar leyendo el discurso

Cuando usted inicia leyendo su discurso, salpica tedio. Eso provoca un distanciamiento con la audiencia. No rompe el hielo ni tiende un puente de diálogo. La introducción y la conclusión del discurso no las lea. Pues las primeras palabras son de suma importancia, estas abren o cierran las puertas de la atención de la audiencia. Y el desenlace es un momento en el que se apela a las emociones y a la voluntad de los oyentes. Por eso evite leerlos. Familiarícese con la introducción y la conclusión de tal manera que las pueda disertar sin leerlas.

Hablar de aspectos negativos

Julián Treasure describe 7 pecados capitales al hablar en público:

- El chisme,
- El juzgar,
- La negatividad,
- Las excusas,
- La exageración,
- El dogmatismo.

En contra posición a estos aspectos negativos, sugiere que se cultiven cuatro valores fundamentales, que harán que las personas nos quieran oír.

La honestidad: ser cabales.

La autenticidad: ser uno mismo.

La integridad: ser lo que uno dice que es.

El amor: desearle el bien a las personas.

https://www.ted.com/talks/julian_treasure_how_to_speak_so_that_people_want_to_listen?language=es

Herir sensibilidades

Sepa que no obtendrá ninguna ganancia si usa represiones directas, consejos asfixiantes reiterativos, apuntando a los defectos del público. Ninguna persona se expone voluntariamente ante situaciones que le provoquen incomodidad. Recibirán siempre la información que resulte para ellos una ganancia racional, emocional, práctica. Usarán la evitación defensiva a todo lo que le provoque detrimento a su persona (Interiano, 1999). Cuando se recalca lo malo de una acción, resulta contraproducente. Un buen ejemplo es el de "aquel fumador que, oyendo constantemente a su médico decirle que fumar produce cáncer, cambió de médico".

Emplear un tono de voz monótono

Evite una voz con un solo tono permaneciendo en un mismo ritmo y sonido. Esa forma de hablar anestesia a los oyentes.

La voz es semejante a un instrumento musical del que podemos disponer y sacarle diversidad de notas. Las cuerdas vocales son como las cuerdas de una guitarra, que cuando alguien ejecuta una pieza musical emplea varias notas musicales con tonos agudos, medios y bajos para que resulte agradable al oído. Muchas personas hablan como si tuvieran una sola nota musical en sus cuerdas.

Por favor, no hable de manera muy lenta como arrastrando las palabras porque eso desespera. Tampoco se vaya al otro extremo hablando rápido, sin parar, que ya casi no le dé tiempo a respirar. Eso marea a sus oyentes.

Otro error es mantener el tono de voz alto, gritando todo el tiempo, creyendo que tendrá más impacto o que es sinónimo de tener autoridad. Esta forma de hablar, al final, pierde efectividad. Hay personas que son sensibles en su audición y se alteran cuando un orador grita todo el tiempo. Es cierto que uno de los fines del orador es romper los moldes de pensamientos anacrónicos, pero no los tímpanos del oyente.

Para ahogar la monotonía, diserte con vehemencia; que la audiencia vea y escuche a alguien que cree lo que está diciendo. Aunque su voz no sea fuerte, haga énfasis, alce la voz, bájela, hable despacio, luego acelere, acorde a los contenidos que está compartiendo.

El hablar de manera suave y plana, como un zumbido de abeja, es somnífero. Tendrá gente somnolienta por docena.

Hacer mal uso del silencio.

El orador que habla sin parar arrastra al auditorio al sofocamiento. Lo aturde y esto resulta en mareos. Por eso las pausas son esenciales en el discurso. El silencio medido y usado en los momentos propicios durante el discurso sirve para oxigenar a los oyentes, para que procesen la información y reflexionen en segundos lo que han escuchado, para retomar la atención y crear expectación. Se aprovecha bien tras una frase importante, una explicación de peso o la formulación de una pregunta abierta o retórica. Se usa también antes de responder a una pregunta, cuando se inicia otra parte del discurso, cuando ha dicho algo con énfasis o antes de anunciar información reciente. Con esa dinámica se satura el ambiente de expectativa.

Usar lenguaje abstracto

El cerebro realiza doble esfuerzo al intentar descifrar el significado de las palabras y las ideas abstractas. Si escuchamos una conferencia sobre cómo mejorar la economía y el orador usa una avalancha de palabras como estas: Deflación, bolsa, bróker, desgravar, dividendo, fluctuación, extornar, paridad, índice, inflación, desaceleración, estancamiento al alza, ratio, renting, subrogar, superávit a la baja, sin que explique cada palabra y sin dar ejemplos, ni siquiera entusiasmará a los estudiantes de economía, menos al público que no sabe nada del tema.

Es obligatorio que el orador sepa que se puede dar una conferencia sobre asuntos técnicos de manera comprensible. Si comunica su mensaje solo con palabras cargadas de imprecisión aburrirá a la audiencia.

Pronunciar con debilidad las palabras

Cuando hable, ponga fuerza en las palabras y las frases importantes. No significa hablar fuerte de manera continua, sino con emotividad en las partes que quiere resaltar.

Es un error hablar de esta manera: "Lagranverdadesqueenmediodelacrisishayoportunidaddecambiartodanuestravidateniendofeconfianzaypacienciaesloquenecesitamos".

Lo correcto es que lo realicemos así: "LA GRAN VERDAD es que, en medio de LA CRISIS, **hay oportunidad de cambiar** TODA **nuestra vida teniendo** FE, CONFIANZA Y PACIENCIA; es lo que NE-CE-SI-TA-MOS".

Las palabras en mayúscula hay que pronunciarlas con más fuerza, las oraciones en minúscula y sin negrita con un tono normal, las que están en negrita con un énfasis intermedio y la palabra en mayúscula y separada por guiones con una voz más fuerte, pero es-pa-cia-da. Así logramos un efecto de importancia en lo que estamos disertando. Es funcional que haga una pausa de tres o cuatro segundos después de haber pronunciado una frase que le imprima fuerza (Betancur,1999).

Es esencial que adecúe el tono de su discurso al enfoque proyectado.

Hablar con incertidumbre

Nadie tolera un discurso permeado por la duda. Sabemos que hay temas de suma importancia que pueden transformar nuestras vidas para siempre. Pero en algunos discursos parece lo contrario: aunque posean contenido valioso, son indecisos y, por lo mismo, predicen que no habrá fruto.

Hoy vemos a muchos oradores que atraen la atención del público por la forma en que hablan, no por el contenido que comunican. Pueden estar enseñando una verdad a medias, pero lo hacen con tanta convicción que las personas creen lo que están oyendo.

Esa parte positiva imitémosla, la otra no.

El orador que habla con certeza convence.

Hablar con miedo

Todos los que hablamos en público sabemos que siempre sentimos cierta tensión al subir al púlpito. Eso es normal y hasta saludable. Es como la cuerda y el arco en los que se produce tensión y flexibilidad al momento que se coloca la flecha, para que el competidor lance con precisión y dé en el blanco.

La tensión saludable provoca que la sangre fluya al cerebro y sintamos la energía que recorre nuestro cuerpo. Eso nos prepara para comenzar nuestro discurso con el ímpetu necesario. El problema se presenta cuando esta tensión sobrepasa el nivel óptimo, se convierte en miedo y el miedo se trasluce. Impide que el orador se abra campo ancho en la comunicación. El temor se adueña prácticamente de todos cuando se trata de hablar en público. Hablo del temor que todavía es controlable. Cualquier persona que se para frente a personas para hablarles lo experimenta en mayor o menor grado.

Cuando no dominamos el temor, pasa al siguiente nivel: el pánico escénico. Este nos atrapa. Nos paraliza y provoca síntomas: palpitaciones, dolor de estómago, deseos de orinar, boca seca y otros. Muchas personas que se han visto obligadas a hablar a grupos han entrado en pánico, y si no logran subyugarlo entran al cuarto nivel: el shock. Sé de un ejecutivo que recién nombrado como gerente se vio ante una multitud de colaboradores que tenían la mirada fija en él, esperando oír alguna información nueva, pero fue traicionado por los nervios. Dijo que lo último que recuerda es que repentinamente se le nubló la vista y vio negro. Lo que le ocurrió fue un desmayo.

El temor, el pánico escénico, tienen que ser desplazados por la valentía para enfrentar las aprehensiones previas al discurso y al momento de estar frente al público. No es un problema sentir esas emociones y síntomas, comienza a serlo cuando no podemos deshacernos de ellas. La valentía se afianza cuando comprendemos que el miedo y el pánico son emociones y que la valentía es una actitud. Cuando nos sobreponemos y avanzamos con firmeza, estos retroceden y finalmente desaparecen. En cada discurso que vencemos por el poder expulsivo de la valentía, estos van perdiendo la potestad sobre nosotros. Eso no quiere decir que no se asomen en cada ocasión que nos disponemos a presentar nuestro discurso. Eso sí, ya no tendrán la fuerza para dominarnos. Es como aquel niño que, caminando por el bosque, se topa por primera vez con un espantapájaros y se aterroriza, pero la siguiente vez que pasa, aunque sentirá una sensación de miedo o pánico, ya no lo asustará, porqué sabe que ese espantapájaros no le hará daño. Así transitará una y otra vez por el mismo camino.

Hablar con nerviosismo

El nerviosismo se percibe de inmediato. Provoca titubeos. Hay que enfrentarlo con determinación: dominando el discurso, confiando en que nuestro conocimiento nos otorga autoridad. Si todavía usted es uno de los que tienden a ponerse nerviosos, sudando por la frente y las manos, tartamudeando un poco, con temblor de piernas; use, aunque sea por un momento, el humor y lo que Viktor Frankl llama "la intención paradójica", que es justamente procurar intencionalmente lo que no se quiere. Por ejemplo: Usted puede pensar o decir: "Si he de sudar, sudaré aún más", "voy a intentar voluntariamente sudar más"; si usted es de los que tartamudea, piense o diga por un momento: "Si he de tartamudear, lo haré mucho más", y si le tiemblan las piernas: "Les mostraré cuánto más puedo hacer temblar mis piernas, pero no dejaré de disertar". Comprobado: eso ahuyentará el temor, no sudará, ni tartamudeará, ni temblará. Verá que lo que se enfrenta sin miedo no sucede. Pero lo que se teme, sucede. Porque el miedo tiende a provocar justamente aquello a lo que se tiene tanto miedo (Frankl, 1999).

En una ocasión, un conferencista novato me compartió que justo antes de salir al escenario sufría de mareos, sentía desmayarse, aunque no tenía enfermedades subyacentes. Yo le aconsejé que respirara despacio y profundo, que dominara su discurso, que confiara en que todo saldría bien; pero, por si persistían los nervios, le dije: "piense por unos momentos y diga para sí: 'voy a intentar desmayarme voluntariamente y lo haré con gusto, no tendré temor de desmayarme'". En una ocasión en la que iba a exponer ante profesores y alumnos, comenzó a sentir los mencionados síntomas y puso en práctica el consejo, de inmediato observó que desaparecieron los síntomas. La intención paradójica funciona.

Usar muletillas

Cuando el orador usa repetitivamente palabras y expresiones que intercala en el discurso, lo interrumpe, usa muletillas: "vale", "verdad", "sin embargo", "por supuesto", "desde luego", "es decir", "o sea", "por otra parte", son las más comunes. En inglés: "basically", "well", "so", "of course", "okay".

El oyente se exaspera, se viene a tierra, al oír un discurso entrecortado, apoyado sobre muletillas.

Es imperativo que el orador diga un no a las muletillas a las que está acostumbrado y las tire. Hay que encender una alarma mental para que suene cuando empecemos a repetir un gesto, expresión, palabra o frase.

Padecer balbuceos y tartamudeos

Las expresiones: "aaaa", "ehh", "uhh", "yyyy", "bue-bue-bueno", "esteesteeste" son frecuentes en comunicadores, presentadores de televisión y en algunos oradores. Estos balbuceos son como un tic nervioso en la boca, un ojo, una mejilla, brazo, mano, que ve el interlocutor y lo distrae, pero el que los padece ya no está consciente de ellos.

Estos balbuceos son el resultado del titubeo por desconocimiento del tema o la incertidumbre de lo que se quiere expresar. También son manifestaciones de ansiedad. En otros casos se ha convertido en un hábito. Se necesita mucha perseverancia para erradicar estas fastidiosas expresiones que tienen el poder de apagar el entusiasmo de los oyentes. Esfuércese, sea libre de esas ataduras discursivas.

6. No cometa los errores de los discursos comunes

Comienzan con una introducción insípida

No pase por alto la importancia de la introducción, como acontece con los oradores novatos. Piensan que lo más importante es el cuerpo del discurso. Comienzan de manera atropellada, calentando motores para luego levantar vuelo. Por eso, su introducción es opaca, usan oraciones trilladas que provocan fastidio, por ejemplo: "Todos los seres humanos han fracasado, pero con perseverancia podrán triunfar", "Los tiempos son malos y peligrosos, pero hay esperanza".

La introducción destacada es tan seductora como darnos una degustación exquisita de lo que ha de ser una buena comida, tan agradable como darnos a oler un poquito del más fino perfume. "Debe ser como el preludio de una bella pieza de musical, un poema. Es como el prefacio de un libro que nos cautiva de inmediato para comenzar a leerlo" (Morgan, 1974).

MacArthur Jr. Afirma que "solo la imaginación y la creatividad limitan los tipos de introducción". Sugiere que se explore con variantes de introducción no convencionales (MacArthur, 1996). Me parece que está en lo correcto. Solo hay que mantener en la mira que la introducción sea breve, interesante, apropiada, relacionada directamente con el título de la conferencia, la idea central y el desarrollo de la misma.

Son aburridos

Es cierto que los oradores, en algunas ocasiones, hemos aburrido a los oyentes. La tragedia ocurre cuando el orador es abrigado por el tedio de forma continuada. Eso sucede cuando los contenidos se transmiten con tan poco entusiasmo que pareciera mentira lo que estamos comunicando. Tenemos que sonar creíbles para los desafíos que viven los oyentes. El orador es el responsable de comunicar de manera fascinante el discurso o de anunciarlo envuelto en la neblina del aburrimiento. Si algunos oradores fueran sentenciados a oír sus propios discursos, sería un justo castigo. Exclamarían: ¡Grande es mi culpa para ser perdonada!

Son mediocres

Patinan en la oratoria vaga. Su aplicación es débil. Ofrecen un conocimiento que incluye palabras técnicas que en algunos casos resultan irrelevantes. Están impregnados de monotonía. Transmiten conocimiento de manera plana, tipo enciclopedia, yo le llamo *discursipedia*.

El desarrollo del buen discurso no es raso. Es como una montaña rusa. Provoca que los oyentes miren, sientan, se eleven, desciendan, se emocionen. Eso hará posible que recuerden el contenido del discurso. Es bueno recibir información histórica, científica, literaria, de superación personal, de nutrición, pero no tienen que transmitirse tipo enciclopedia. Eso es aburrido. Los oyentes, una vez atrapados desde el principio, hay que llevarlos de la mano por el camino ascendente con puntos de giro hasta llegar al clímax del discurso. Luego, concluir de manera breve, pero eficaz. Es posible que usted logre elaborar un excelente discurso, pero si no lo transmite con excelencia, con puntos hilados, no obtendrá buenos resultados.

Un discurso mediocre es aquel que deja insatisfechos a los oyentes. Carece de sustancia a causa de una deficiente preparación en el contenido o en la manera de transmitirlo. Al principio puede parecer muy atractivo, a semejanza de los cuadros al óleo vistos desde la distancia, pero ya de cerca se ven las imperfecciones. En la mayoría de los casos, los discursos mediocres son elaborados a la carrera. En la presentación dejan al descubierto falacias en el conocimiento.

Tienen títulos extravagantes

Con la intención de captar la atención de la audiencia, algunos oradores se desbocan con títulos sensacionalistas que rayan en el ridículo. No caiga en la tentación.

Algunos ejemplos de esos títulos encontrados en la web son de artículos escritos:

"Actas de la segunda conferencia internacional sobre ratones desnudos".

"La revisión distópica, la conclusión neo revolucionaria y las deidades yorubas".

"La yuxtaposición yuxtaposicional, la apostasía prometedora y Franz Kafka".

"Capital cognitivo del lector digital en ecosistemas enchufados".

Tienen títulos académicos

Los títulos académicos pueden impresionar, pero al final resultan desabridos. Son declaraciones complejas. La mayoría carece de un verbo. No estoy en contra de la academia, es necesaria, tiene su función. El problema surge cuando el orador académico no transmite el título y el contenido de su discurso de forma digerible a la audiencia. El procedimiento de los discursos académicos resulta en eso: académicos, pero no transmiten vida. Quien pueda realizarlo, excelente. Los eruditos tienen el llamado para profundizar en todas las áreas de conocimiento. El problema es cuando no se bajan al nivel del lenguaje que todos entienden.

Ejemplos:

"Propiedades endocrónicas de la tiotimolina resublimada".

"La relación metafísica tras Karl Marx: una conspiración ecologista".

"La reflexión dadaísta tras los manuscritos del mar muerto: una génesis nihilista".

Se distraen con muchas definiciones

Demasiadas definiciones en una conferencia aturden a los oyentes. Las definiciones principales son necesarias, pero si abusa de ellas, usted está haciendo la función de un diccionario. Eso es cargante. Mi consejo es que se atenga básicamente a dos o tres definiciones si lo amerita y luego aborde el tema. Lo demás es dar vueltas en el mismo lugar.

Poseen títulos comunes

Es un error enseñar que el título de la conferencia sea "una simple frase" o "un pensamiento incompleto" por regla general; con el propósito de sugerir la línea de pensamiento que va a ser seguida en el discurso para que despierte interés. El título no puede ser una palabra o una frase en las que nada se afirma ni se niega. Estas aseveraciones demuestran que hay un enredo, eso sí, bien intencionado.

Creo que es más efectivo que el título contenga la idea principal de la conferencia de manera condensada. Si el título "es una simple frase que no afirma ni niega nada", entonces no siempre va a tener relación con dicha idea.

Por experiencia, afirmo que es más eficaz que los oyentes escuchen un título lo más corto posible, pero que apunte de una vez hacia una verdad clara, un desafío preciso o una pregunta que incite a la curiosidad. He oído conferencias cuyo título no se relaciona en nada con la idea principal. Eso provoca ambigüedad.

Presento algunos títulos de conferencias con esas características:

"La inflamación".

"La inteligencia verbal".

"Literatura de viajes".

"La inteligencia artificial".

"Shakespeare. Sus sonetos".

¿Qué comparten estos títulos? Son declaraciones incompletas. Parecen nombres de entradas de diccionario. No tienen un solo verbo, no empujan a la acción. No son vivenciales, no mueven en nada a la expectación, tampoco vislumbran soluciones de las necesidades de los oyentes.

No hay en ellos interpelación, son títulos tan amplios como vagos; por tanto, planos. Pecan adentrándose en el mar de lo general y terminan ahogando a los oyentes.

Ejemplos de excelentes títulos que encontré en la Web:

"Cómo hablar para que la gente te quiera oír".

"Las escuelas matan la creatividad".

"Cómo los grandes líderes inspiran la acción".

"Tu lenguaje corporal modela quién eres".

"Por qué hacemos lo que hacemos".

Todos tienen un verbo. Son llamativos, inclusivos, personalizados. Le aseguro que la audiencia se interesará inmediatamente al oírlos.

Los siguientes títulos son buenos, analícelos.

"El poder de la voluntad".

"El fascinante mundo de la ciencia".

"Las técnicas modernas de la motivación".

"Asombros marinos".

"La sorprendente fuerza del sentido del humor".

"Grandes emprendedores".

Son buenos, pero si lo observa, carecen de un verbo. Son menos potentes, no inducen a la acción. Aunque son buenas declaraciones, distancian a los oyentes por su imprecisión.

En otros temas doy sencillos ejemplos de cómo escribir títulos que conecten de inmediato con la audiencia. El objetivo es no precipitarse con títulos ordinarios. Es imperante que los títulos sean fáciles de recordar, conectados con el tema central del discurso.

Los títulos de los discursos destacados surgen de la idea principal, vinculan con los oyentes y se aplican a su realidad.

Así como un libro se vende, en buena medida por el título y la portada, el discurso se recibe alegremente al escuchar el título y una buena introducción. No escatime energía en pensar muy bien el título de su discurso. Si al final las personas recuerdan tan solo el título que encierra la esencia de la verdad principal, ha logrado mucho.

Comienzan el discurso con humorismo

Tome con responsabilidad el discurso y al público, pero no se tome a usted tan en serio. Sea pragmático. Esto facilita el usar el sentido del humor, que nos hace más humanos. Es un remedio para el alma y rompe el hielo. Un chiste ingenioso abre las puertas de cualquier audiencia.

Con todo, sepa que el comenzar su presentación con un chiste es un riesgo. Juega a perder. Está comprobado que el 95% de los oradores novatos fallan. El don de hacer reír a las personas es escaso. Aun los humoristas profesionales no comienzan contando chistes en los primeros segundos de su participación. Comienzan hablando en serio, pero son tan dotados que aun cuando hablan en serio, la gente se ríe. Tampoco tiene que ser grosero o parecer muy solemne, no. Simplemente sea usted. Cuando venga muy al caso una anécdota humorística y usted sabe que ayudará a que comprendan mejor un punto del discurso, cuéntela. Tenga presente que no es en sí el chiste, sino la forma de contarlo.

Son extensos en tiempo

A menos que sea un discurso excepcional, la audiencia aguantará una hora o una hora y media. De todos modos, retendrá poco. Está comprobado que, entre más larga es la exposición, menos captan los asistentes. Como dice el refrán, en cuanto a la duración del discurso: "De lo bueno poco, doblemente bueno, de lo malo poco, menos malo". Son suficientes cuarenta y cinco, cuarenta, treinta, y hasta veinte minutos. Oradores de antaño tomaban una hora o hasta dos, pero no empleaban ese tiempo en charlatanería de ranas. Sus discursos eran sustanciosos. Los oyentes eran personas que disponían de más tiempo. En estos tiempos "hipermodernos", muchas cuestiones han cambiado: las distancias, el tránsito denso, las jornadas de trabajo, los estudios, las multitareas. Eso hace casi imposible que los asistentes dispongan de más tiempo. Si en veinte, treinta o cuarenta y cinco minutos no puede decir algo importante el orador, tampoco lo hará en una hora o más.

Bienaventurado el orador que sabe decir las palabras exactas en el tiempo justo, lo volverán a invitar. Desearán escucharlo de nuevo.

Es incorrecto abundar en palabras, tiempo y disminuir verdades. Está comprobado que buenos discursos se acaban arruinando por extenderse innecesariamente.

7. Elabore un discurso agradable

Actitudes que ayudan a que el discurso sea atractivo:

Sea intenso

El discurso es único cuando lleva el sello de su personalidad, pasión y muestra temple. Jamás impactará un discurso en el que el orador tenga un cuidado superficial.

En la vida de cada orador siempre hay un día, una ocasión única e irrepetible: la comunicación del discurso. Esa ocasión marca y define la talla de un orador. Cada discurso que comunique, transmítalo como el más importante que jamás haya dictado. Si no lo realiza de esa manera, pierde la ocasión de subir un peldaño en la escala de la madurez. Sepa vivir el momento único de cada discurso. El secreto de los grandes oradores políticos, religiosos o académicos ha sido su realismo al momento en que se les permitió vivir la emoción.

Sea ameno

El contenido del discurso es crucial, pero la manera de comunicarlo también lo es. Todos se abren a una conferencia agradable. Nadie tolera un discurso fastidioso. Esta verdad la resaltó Cicerón, uno de los mejores oradores de toda la historia humana. Hace más de dos mil años afirmó que el orador elocuente es aquel que agrada en aras de la belleza, empleando un estilo popular, sencillo, que no es sofisticado, que conecta y deleita a la audiencia (Cicerón, Traducción española, 1991).

Ser ameno significa ser amable, no se relaciona con hacer bromas, contar chistes y reírse. Es mostrarse afable. Cuando el público observa a un orador radiante que transmite alegría, se entusiasma. Pese a lo importante y serio que sea el discurso, es imperante ser ameno. Eso ayudará a ganarse la voluntad de la audiencia mientras les resulta lozano. El orador que no es ameno corre el peligro de ser rechazado.

Sea entretenido

Un discurso entretenido es aquel que está impregnado de creatividad alegre sin dejar de ser profesional. Proveer conocimiento de manera entretenida produce gratificación al público. Contagia todo el ambiente y es bien recibido porque muchos llegan a escuchar conferencias cargados de preocupaciones. Un discurso divertido cambia estados de ánimo negativos. Uno de los fenómenos más conocidos es el de la risa que comienza en algunos y se contagia a otros (Bryant-Zillmann, 1996). Aclaro, no estoy fomentando que el orador también se convierta en humorista, ¡no! Solo le animo a que procure que su discurso se imparta de manera entretenida.

Sonría

Una sonrisa cálida abre la puerta en todos lados. Reduce la distancia entre sus oyentes y usted. Un rostro agrio levanta una barrera. Si quiere iniciar bien, suba a la plataforma con una sonrisa sobria, sincera. Esto preparará el ambiente para que deseen escuchar lo que usted va a comunicarles. Recuerde que seriedad y profesionalismo no son sinónimos. Existen personas serias, estilizadas, pero no son profesionales agradables en su trabajo y en las relaciones interpersonales.

El que sonríe sinceramente a los demás es capaz de transmitir confianza, convencer y vender. Parece exagerado, pero no lo es. Una persona sonriente es bien recibida en cualquier parte del planeta.

Sea expresivo

Nuestro mejor indicador de emociones es el tono con el que hablamos. No se puede hablar de gozo, de fuerza, de amor, sin las expresiones que correspondan a esas emociones. "De la abundancia del corazón habla la boca" y "el corazón alegre hermosea el rostro". Entre el público, las emociones prevalecen sobre la lógica. El discurso sorprendente conlleva emotividad.

No podemos expresar más de lo que somos. Podemos hablar con autoridad si lo que decimos lo vivimos. La expresión es completa solo cuando decimos una verdad de la que estamos convencidos y se refleja en nuestro rostro. Cuando no es así, solo se habla o se grita. La emoción es recíproca, en la medida en que un orador esté conmovido inflama el corazón de sus oyentes.

Recuerde que el tono es un moderador entre la emoción y la palabra, entre lo que sentimos, lo que expresamos y cómo lo decimos.

Comparta sus experiencias

Sea vulnerable. Hable de sus victorias y sus derrotas en los momentos pertinentes. Esto lo hace creíble y genera empatía. No tiene que convertirse en un patrón ni resbalar en triunfalismos.

Si constantemente damos opiniones de los demás, si describimos cosas que nos han contado o repetimos lo que hemos leído, sabrá a comida recalentada. Al final el público puede ponerlas en tela de juicio. En cambio, lo que nos ha sucedido a nosotros viene envuelto en un halo de pureza, tiene sabor a una cosa cierta. ¡Sencillamente es noticia! La audiencia lo recibirá con entusiasmo. En ese sentido somos una autoridad mundial en lo que estamos contando.

Es sensato que usemos este recurso con medida.

Mantenga el contacto visual

Mirar al fondo de la audiencia, a un lado del auditorio o a las mismas personas cuando estamos disertando, son errores de principiante. Lo acertado es dar vistas panorámicas paseando la mirada, moviendo la cabeza como un radar. Si el orador quiere mantener atento al público, es pertinente que mire a las personas que están al lado izquierdo, al centro y al lado derecho. En algunos casos, es oportuno fijar la mirada de manera individual si se quiere resaltar un aspecto que ayude a entender mejor a la audiencia un punto del discurso. Planee esta acción y luego ensáyela con exactitud.

Viva el discurso

Vivir el discurso a lo largo y ancho de la disertación significa hablar con ganas de agradar al público. Si está disertando sobre cómo vencer el miedo, viva la victoria sobre el miedo. Si es sobre patriotismo, no diserte sobre el patriotismo, hable patriotismo. Recuerde que la audiencia es un receptor activo. Aunque estén quietos físicamente, en sus mentes evalúan, critican, responden, complementan, asienten, niegan, por eso es imperante que no quede duda en ellos de que usted cree lo que dice y vive lo que cree.

Vivir el discurso es contagiar pasión. Y la pasión es ponerle carne, sangre y sentimientos a lo que se dice. Cree suspenso, emociónelos, relájelos, llévelos al clímax, luego desciéndalos. Eso es vivir el discurso. No huele a fuego artificial, es fuego que sale del corazón. Si usted quiere conmover a su público, usted sea el primero.

No importa si su tono de voz es aflautado, grave o con acento marcado. Tampoco es trascendental si su complexión es delgada o ancha, si su estatura es pequeña o mediana. Estas características pasarán a un segundo plano si habla con vehemencia. El vivir con plenitud el discurso vence todo tipo de obstáculos.

Eso sí, no hay que confundir la vivencia y la pasión con el grito. El grito por sí solo es un mal recurso, pues tras él no hay nada más. El grito continuado pierde su efecto. Si no hay nada más, obliga a seguir gritando.

Tenga una actitud entusiasta

Es interesante que la palabra entusiasmo viene del griego clásico *Enthousiasmos*. Significa "llenarse de la divinidad y de la creatividad de los dioses para emprender las más difíciles empresas". Para nosotros tiene más una connotación de una actitud positiva. El entusiasmo es sinónimo de fervor, anhelo y esfuerzo.

La palabra contraria al entusiasmo es apatía. Viene del griego *Apatheía*, y significa "sin la guía divina". Esto representa impregnarse de flema, desidia. Si algo debilita al orador es la falta de entusiasmo. Cuando este no se presenta, aparece la apatía.

Si diserta frente a un público ya conocido, lo hará con más conocimiento del ambiente. Aun así, algunas veces se topará con que el ánimo no es el mismo. Percibirá algún tipo de barrera. Necesita el entusiasmo.

Al disertar ante audiencias diferentes, sepa que hay tipos desiguales de actitudes: apática, crédula, escéptica, hostil y mixtas. En algunas se combinarán más de dos de estas actitudes, por lo que resultará en una mezcla dura de moldear. Es ahí donde tendrá que enfrentarlas con más entusiasmo y no desanimarse.

Entréguese por completo

En la comunicación del discurso es menester que el orador esté presente en cuerpo, alma y espíritu. Que se derrame por completo con todo su ser. Un discurso importante merece que se entregue con toda la capacidad emocional, física, para que llegue de manera potente a los oyentes. Si no se transmite de esa manera, la audiencia permanecerá fría. Oirá a alguien que está presente en el cuerpo, divagando en la mente y posiblemente ausente en el espíritu.

8. Use un lenguaje que conecte

Para conectar con la audiencia es obligatorio que el orador use el código -lenguaje oral, corporal- efectivo para que la audiencia descifre sin problemas el mensaje que recibe y lo comprenda de manera inmediata. Para ello sugiero que:

Hable con sencillez

Es bastante común confundir algunos términos tales como el de la sencillez. Para muchos, la sencillez es sinónimo de pobreza. Para otros significa carecer de estudios universitarios. Y, en algunos casos, se aplican erradamente a las personas por el simple hecho de auto desestimarse. Esas definiciones populares tornan borroso el término de la sencillez. Hablar con sencillez significa hablar claro, sin auto promocionarse. Es mucho más fácil que midamos la sencillez por la conducta afable, por la gratitud manifestada diariamente en nuestra conducta.

La sencillez en nuestro discurso se manifiesta cuando somos nosotros mismos, cuando mostramos gratitud a las personas que nos han otorgado generosamente su tiempo, que equivale a una porción de su vida.

Hagamos un esfuerzo constante en presentar nuestro discurso a los muchos y no a una minoría. Paradójicamente, no es fácil ser sencillo en la comunicación. Si a usted, orador, le dicen espontáneamente que su mensaje es sencillo, recíbalo como un elogio, no como una crítica negativa. Los discursos de esa estirpe son los que provocan resultados extraordinarios en motivación.

Use un vocabulario limpio

Use palabras normales entendibles para todo el mundo. Si es necesario usar alguna palabra técnica, explíquela. No utilice palabras que posean una connotación vulgar, aunque no sean necesariamente palabras soeces. Exprese palabras sazonadas.

Si usted es invitado a dar conferencias a otros países, es obligatorio que emplee el lenguaje sin regionalismos. Mucho cuidado con las palabras populares que habla en su país de origen, pueden significar otra cosa para la audiencia de esa región.

En el idioma español, es mejor decir semilla que grano, porque en otras naciones la palabra grano se entiende por enfermedad de la piel. Es mejor decir semilla que pepita, pepa o pipa, porque estas últimas significan algo muy distinto en algunos países latinoamericanos.

Use cada palabra con propiedad

Esto significa ser preciso con el significado que se quiere transmitir. Usamos muchas palabras dándole un significado que no tiene:

La palabra "objetivo" significa imparcial, justo, real, pero algunos le dan el significado de "propósito", "meta".

La palabra "reserva" significa: prudencia, discreción, tino, muchos le dan el significado de reservorio, depósito, estanque, represa.

También usamos adjetivos inapropiados:

"El clima está bueno".

"La comida está rica".

"La mujer es grande".

Lo correcto es:

"El clima es agradable".

"La comida está exquisita".

"La mujer es alta".

Sepa que cuando se escribe o se diserta hay que usar con prudencia los verbos "hacer" y "tener". Si se usan indiscriminadamente, la claridad en la comunicación desaparece.

Es más certero decir:

"Elaborar pan" que "hacer pan".

"Es dueño de una casa" que "tiene una casa".

Hile las ideas en orden de importancia

Es obligación del orador comprender bien lo que quiere transmitir, luego comunicarlo de forma ordenada, a semejanza de cómo se sirve un banquete: una entrada, el plato fuerte y el postre.

Si algo aturde a los oyentes es oír a un orador impreciso que habla de varios temas en el mismo discurso. No lleva coherencia, discurre salteado: se adelanta, regresa, da vueltas. He oído oradores que anuncian el tema, pero rápido mencionan otro y luego se pasan a otro, después regresan al tema inicial.

Fallo de memoria, improvisación, extravíos involuntarios, herencia genética, ignorancia, costumbre, son las posibles razones de esta enfermedad comunicativa.

Le aconsejo que tome la primera idea, explíquela ampliamente y luego conclúyala. En seguida tome la próxima idea y haga lo mismo.

Conecte las ideas para seguir el orden del argumento de manera ascendente. Parece fácil, pero no lo es. Todos caemos en la tentación de no terminar la idea y abrir un paréntesis, extendiéndonos en otras ideas; cerrarlo y retomar la idea central. En esos ajetreos oratorios confundimos a los oyentes. Obligamos a los oyentes a seguirnos en esos tortuosos giros que empujan al oyente a la laguna del olvido.

Comunique una idea a la vez. Una tras otra.

Hable de manera notable

Para hablar de manera memorable se necesita estar poseído de entusiasmo. Construir una estructura sólida, avanzar sobre argumentos consistentes, hablar al corazón e invitar con gentileza a la audiencia a dar una respuesta positiva a la propuesta del discurso. Esto se consigue con el contenido pertinente, las palabras precisas, la claridad, la racionalidad para llegar al cerebro y la sensibilidad para llegar al corazón. Hay que saber tocar el botón exacto en el momento justo a la gente indicada.

Hable sin rodeos

Con el correr de los siglos, ha ido cambiando el modelo oratorio en extensión y estilo. Ya no luce el discurso alargado, pomposo, encendido con una gran cantidad de pirotecnia verbal, que en esos tiempos se consideraba obligatoria. Hoy se exige un discurso moderno, corto, con sustancia, brillo y pertinencia. En una locación, nuestros asistentes todavía toleran una buena conferencia de una hora. Han apartado el tiempo, van con disposición. Pero si nuestros interlocutores quisieran recibirla en sus dispositivos por medio del internet o de las redes sociales, difícilmente la ven completa. Hoy los discursos, con ciertas excepciones como los especializados o científicos, son bien recibidos si duran 15, 18, 20 o 30 minutos. Y en los usuarios de *smartphone* 1, 3, 5 y no más de 8 minutos.

Sea que la conferencia la imparta en un auditorio formal, en un aula universitaria, en una carpa o la transmita en tiempo real, los interlocutores quedarán agradecidos si el orador no desfigura con rodeos y va al grano.

9. Despierte un nuevo anhelo

Un hombre llamado Thomas Chalmers, conferencista y motivador religioso, descubrió uno de los principios más poderosos para vencer los malos hábitos: "El poder expulsivo de un nuevo anhelo". Explica que una de las maneras que normalmente usan las personas para liberarse de una mala costumbre es concentrarse en la inutilidad y la malignidad del hábito. Pero él afirma que ese método casi siempre fracasa. El método más efectivo es el de despertar un nuevo anhelo o amor hacia algo o alguien. Este será poderoso para desplazar de inmediato al viejo y esclavizante afecto. En lo personal, lo he comprobado. Conozco a jóvenes cercanos a quienes aprecio que adquirieron el hábito de fumar cigarrillos. Sus padres les han reiterado el gran daño que les están ocasionando a su cuerpo. El médico de cabecera les ha explicado detalladamente el deterioro que ocurre en el sistema nervioso central, respiratorio, circulatorio y las altas probabilidades de padecer cáncer, pero ha sido ineficaz. Siguen fumando.

Observé otro caso de alguien muy cercano que también adquirió el hábito de fumar cigarrillos e inhalar nicotina líquida. Los padres, el médico, el psicólogo... Le dijeron encarecidamente que dejara de fumar. No hubo resultados. Pero ocurrió algo en su vida. De pronto, se enamoró de alguien de buena conducta, sin vicios, se comprometieron, se casaron y en el acto dejó de fumar. "El poder expulsivo de un nuevo afecto, sacó al mal hábito de fumar", sin necesidad de que estuvieran remachándole lo dañino de la nicotina.

Estoy convencido del valor que tiene lo que afirma Chalmers: "Este método es mucho más efectivo para ayudar a una persona a dejar atrás algo que no vale nada".

Todas las personas pueden expulsar sus viejos malos hábitos, afectos inútiles, vanidades ilusorias, adicciones, por el poder expulsivo de un nuevo afecto. Puede ser una amistad, una nueva fe, un deporte, un pasatiempo, un nuevo amor, un nuevo desafío... Cada vez que la persona se aferra al nuevo afecto expulsa al rancio hábito, a semejanza del joven que deja el placer sensual por el nuevo deseo de hacerse rico, o del joven que desecha la ambición de hacerse rico por un deseo abnegado de ayudar a los indigentes con proyectos de salud, educación y trabajo.

Reitero: la única manera de quitar del corazón un hábito dañino es por el poder expulsivo de un nuevo anhelo.

Conozca en profundidad este principio valiosísimo. Funciona a la perfección en las conferencias de liderazgo, emprendimiento, motivación, superación personal y afines. También es útil en los otros tipos de conferencias.

Si quiere llegar a su público y lograr auténticas transformaciones, le animo a que intente cualquier método legítimo para despertar un nuevo anhelo en las personas que le escuchan, dentro del argumento del contenido de su discurso. Esto resultará en que multitudes quieran escucharle. Sabrán de alguna manera que irán a recibir herramientas para triunfar en la vida, no a perder el tiempo.

10. Fabrique un discurso memorable

Adquiera destreza para inventar, ordenar, redactar e impartir discursos que trasciendan el tiempo. En la preparación, tenga en cuenta la coyuntura, lo central del contenido y la prudencia en tiempo.

Ejemplo de un discurso memorable

El más extraordinario discurso que se haya pronunciado en Norteamérica se encuentra escrito en una placa de metal. Está ubicado en la escalera del Lincoln Memorial en Washington, donde está grabado en grandes letras el Gettysburg Address. Abraham Lincoln es su autor.

El discurso lo elaboró en el año de 1863, en ocasión a la consagración de un cementerio para los soldados caídos en la guerra civil norteamericana. Le pidieron que dedicara el terreno para el solemne propósito con unas palabras en calidad del primer magistrado de la Nación. El orador especial invitado era el famoso Edward Everett, con una trayectoria impresionante: gobernador, senador, secretario de estado, ministro ante la corte de Gran Bretaña, rector de la universidad de Harvard y poeta.

El día señalado, Everett disertó dos horas pronunciando alrededor de doce mil palabras. El siguiente punto fue la entonación de un cántico de Baltimore. Luego, el coronel Ward Hill presentó al presidente Lincoln. Este se puso de pie, esperó que hubiera silencio y dijo:

"Hace ochenta y siete años, nuestros padres hicieron nacer en este continente una nueva nación, concebida en la libertad y consagrada en el principio de que todas las personas son creadas iguales.

Ahora estamos empeñados en una gran guerra civil que pone a prueba si esta nación, o cualquier nación así concebida y consagrada, puede perdurar en el tiempo. Estamos reunidos en un gran campo de batalla de esa guerra. Hemos venido a consagrar una porción de ese campo como lugar de último descanso para aquellos que dieron aquí sus vidas para que esta nación pudiera vivir. Es absolutamente correcto y apropiado que hagamos tal cosa.

Pero, en un sentido más amplio, nosotros no podemos dedicar, no podemos consagrar, no podemos santificar este terreno. Los valientes hombres vivos y muertos que lucharon aquí ya lo han consagrado, muy por encima de lo que nuestras pobres facultades podrían sumar o restar. El mundo apenas advertirá y no recordará por mucho tiempo lo que aquí digamos, pero nunca podrá olvidar lo que ellos hicieron aquí. Somos más bien nosotros, los vivos, quienes debemos consagrarnos aquí a la tarea inconclusa que los que aquí lucharon hicieron avanzar tanto y tan noblemente. Somos más bien los vivos los que debemos consagrarnos aquí a la gran tarea que aún resta ante nosotros: que de estos muertos a los que honramos, tomemos una devoción incrementada a la causa por la que ellos dieron la última medida, colmada de celo. Que resolvamos aquí firmemente que estos muertos no habrán dado su vida en vano. Que esta nación, Dios mediante, tendrá un nuevo nacimiento de libertad. Y que el gobierno del pueblo, por el pueblo y para el pueblo, no desaparecerá de la Tierra".

Este discurso, con solo doscientas ochenta y siete palabras, será eternamente recordado. La razón es que duró el tiempo estrictamente necesario, tiene perfecta ubicación de la coyuntura, tiene muy clara la idea central de la ocasión, compacta y profunda en pensamiento, con buen gusto en honor a la belleza. Este discurso es un diamante de gran precio.

https://amhistory.si.edu/docs/GettysburgAddress_spanish.

De sus luces aprendamos a iluminar nuestros discursos.

11. Preparación previa para elaborar discursos sorprendentes

Aprenda el arte y la ciencia de la comunicación

Para destacar en la elaboración de discursos y conferencias, es necesario estudiar el arte y la ciencia de la Comunicación. Esta enseña acerca de las reglas de elaboración, composición, contenido, estilos y efectiva comunicación en las distintas modalidades (Gálvez, 2001).

La ciencia de la comunicación es un proceso que involucra por lo menos cuatro componentes: El mensaje que se comunica, el que lo comunica, la utilización del lenguaje como instrumento y un oyente que intenta comprender ese mensaje (Beltrán, 1994).

Distinga entre la estructura comunicativa y el mensaje

La estructura del discurso es semejante a la estructura ósea del cuerpo humano. El mensaje es como la sangre, la piel, los músculos, tejidos, tendones, sistemas diversos, etc. Así, la estructura y el mensaje unidos son como el cuerpo y su fisonomía.

Tenga clara la esencia del mensaje que desea transmitir y trabájela en proporción a la estructura que ha fabricado. Esto hará que tenga una estructura útil que sostenga el mensaje. Su discurso tendrá contornos definidos y será deseable para sus oyentes.

Conozca los tipos de conferencias

La conferencia magistral. Es una disertación dada por una persona prominente. El contenido de la conferencia no tiene que ser estrictamente brillante, bien estructurado o basado en una investigación profunda.

Basta ser un político importante, un empresario reconocido, un escritor famoso, un emprendedor, un motivador, para que lo inviten a dar una conferencia en la que comparta sus experiencias, sus consejos de cómo ha enfrentado los retos, las crisis, incluso las tragedias, y cómo ha triunfado. Es el discurso o conferencia motivadora.

La conferencia especializada. Este tipo de reunión la realiza un especialista de cualquier rama del conocimiento. Con frecuencia se realiza para permitir que alguien transmita ideas e informaciones diversas a un numeroso auditorio, con relación a una determinada temática en la que el orador es un erudito, un especialista. Se le llama también "discurso o conferencia informativa".

La conferencia científica. Esta es compartida por un profesional de la ciencia. Por ejemplo, hay varias charlas que se relacionan sobre cómo funciona nuestro cerebro, compartidas por neurocirujanos que practican su profesión y han realizado investigaciones con el método científico. Este tipo de conferencia va más en la línea de persuadir con pruebas.

En estos dos últimos tipos de conferencias, no dé por sentado que el público será receptivo. Por eso, el especialista y el científico tienen que poner en práctica los principios de la oratoria eficaz: demostrar con pruebas, agradar con la belleza y persuadir con vehemencia.

La conferencia mixta.

Es aquella en la que el orador posee dos o tres cualidades principales de la conferencia magistral, especializada o científica.

Planee su serie de conferencias

Planear en todas las áreas de la vida es sensato. La conferencia no es la excepción. Si un constructor no edifica una casa sin que previamente haya diseñado planos, tampoco es conveniente que el orador se lance a pronunciar un discurso sin haber elaborado un esquema. ¡Hay una gran diferencia entre construir una casa y un discurso! Sí, es cierto, pero el principio para triunfar es el mismo: planear.

Por experiencia, afirmo que planificar trae beneficios. Le permitirá tener un camino trazado para no dar giros repentinos que confundan a la audiencia, enseñar de manera sistemática, variada, ocuparse de temas oportunos, conocer en profundidad las necesidades sobre ciertos temas. En cuanto al tiempo, puede ser mensual, trimestral y anual.

Todo lo que realice a la carrera, sin que haya una correcta planeación, será un fracaso. Usted mismo puede comprobarlo al ponerse de pie y hablar: le brotarán pensamientos de toda clase y saltará de uno a otro. Ocurrirá una efervescencia de ideas con las que no sabrá que hacer, resultará en una torre de Babel.

Toda conferencia produce un efecto de doble vía

Sepa que toda conferencia produce efecto en el público y en el orador. Si el mensaje da en el blanco, los asistentes le retribuirán con creces en aplausos, reconocimiento y le harán publicidad gratuita. Si el efecto de la conferencia es negativo para los asistentes, también lo será para el orador. Se concebirán defraudados, hablarán mal y no recomendarán al orador. Es una razón más para realizar con excelencia cada discurso, ejecutando nuestro mejor esfuerzo sabiendo que en cada disertación el orador y la audiencia salen beneficiados o perjudicados.

12. Realice las acciones que producen un buen discurso

Estimule a su público

Todos los seres humanos reaccionamos a los estímulos. Está comprobado desde tiempos remotos.

Si el orador sabe usar los operadores semánticos en palabras clave, estimulará de inmediato al público para que escuchen la conferencia.

Cuando el orador afirma: "Bienvenido", "estás en el lugar correcto", "tú puedes", "eres capaz", "todos hemos sido dotados para hablar en público", "todos podemos triunfar en medio de las adversidades", estimula al público. Y si habla de las recompensas usando frases como estas: "Si lo que oíste lo pones en práctica, aprenderás rápidamente", "si estás determinado a convertirte en orador, ya tienes la mitad del éxito adquirido", "al final del esfuerzo y la perseverancia siempre te estará dando la bienvenida el éxito", "obtendrás magnas gratificaciones cuando termines la capacitación", incitará al público y ganará su beneplácito. El estímulo funciona mejor cuando el orador detalla las recompensas.

Haga que su discurso transmita vida

Organice su discurso de tal forma que el título y cada parte de este tengan una instrucción a seguir. Así la información se convierte en un asunto vivencial. Del contenido de la conferencia pasamos a la urgencia de las implicaciones que tiene para cada oyente. Si se queda solo en el conocimiento, no es malo, pero resultará aburrido. Pesa el que hoy la información como tal, los oyentes la tienen a la mano en las autopistas de la información.

Propóngase que los oyentes vibren por medio del conocimiento, experiencias y pasión que usted les transmita; que ellos sientan, caminen, vean por medio de la imaginación.

Apele a la razón, a la voluntad y al corazón

Está comprobado por estudios recientes de la neurociencia que los oyentes que reciben información que toca la emoción y la voluntad, queda grabada en su memoria fácilmente:

(https://www.oei.es/historico/divulgacioncientifica/?La-neurociencia-y-las-emociones-un-aporte-a-la-educacion).

Pero cuando es una información fría e intelectual, sucede lo contrario. Se olvida fácilmente. La reflexión y la demostración lógica por sí solas no logran un impacto fuerte en la audiencia.

Los oyentes que reciben solo conocimiento tendrán poca motivación, lo que implica mínima acción.

Reitero: dirija el contenido del discurso a la mente, a la voluntad y al corazón. Eso hace pensar, conmoverse y tomar decisiones en los asistentes. Claro, si se discurre con enfoque solo a la voluntad o solo a las emociones, se puede deslizar en la manipulación y eso provocará deformaciones en sus oyentes.

Construya puentes entre los abismos de los tiempos

Sea un orador responsable, aplique correctamente el contenido del discurso al mundo de hoy. Si se queda solo en la investigación histórica, será un dispensador de información, a semejanza de un arqueólogo. Una conferencia certera funciona como un puente sobre el abismo de los tiempos.

Deje que el discurso lo posea a usted y usted al discurso

Permita que su discurso cale profundamente en todo su ser. Sea como su alimento y hállelo exquisito.

Si el orador no se encuentra poseído del contenido de su conferencia, el público notará el distanciamiento entre lo que muestra y lo que dice.

No transmita puro conocimiento o historia

No transmita solo conocimiento o pura historia. Eso se parece a exponer los resultados de un estudio, mostrar gráficas que no se relacionan con el argumento ni con los oyentes. Se aprende, pero no hay aplicación a los que oyen. El discurso no se reduce a una narración. Todo el conocimiento obtenido es pertinente si el oyente puede decir: "Esto lo puedo aplicar así, aquí, o de esta manera".

El discurso destacado llama a la exigencia de una respuesta de la audiencia. Entrega el verdadero significado a la vez que también llama a una cuidadosa aplicación. Solo así obtendremos un buen discurso que traiga vida al valle de los huesos secos, que los recubra de tendones, carne y piel. Eso es esencial en todo discurso: transmitir vida, descubrir la verdad, exponerla con claridad y aplicarla a los oyentes.

Vigile la reacción del público.

Esté atento a lo que sucede en las personas que le oyen: sus rostros, sus miradas, sus posturas. Esos indicadores le ayudarán a saber si está siendo efectivo o no. Si una persona está bostezando o distraída, no es motivo para alarmarse, puede ser que no haya dormido bien, no haya desayunado o esté con efectos de algún medicamento. Si son dos o más, lo más seguro es que el problema sea usted, el orador. En algún caso, puede ser que el lugar esté poco ventilado o sin aire acondicionado.

Mantenga una atención consciente.

Conserve una vigilancia consciente hacia el público y en lo que usted está realizando. Esto resulta en un proceso de estar allí en mente y cuerpo, observando, escuchando, percibiendo, encausando emociones, pensamientos. Es como tener un cuadro completo de lo que acontece afuera y dentro de nosotros con el propósito de conectar plenamente con la audiencia. Es así como experimentamos esa satisfacción de haber llegado a la mente y al corazón de las personas, porque hubo libertad de ser nosotros, con un mensaje que es bien recibido por los asistentes.

Domine su materia

Esté al día en el tema y el área de conocimiento sobre el que imparte sus conferencias. Esto le mantendrá con un poder de conocimiento sobre el promedio.

Aumente sus archivos con nuevas ideas, ilustraciones, experiencias, conocimientos recientes sobre todo aquello que asombra, emociona, cautiva. Esto ayudará a que sus conferencias sean nutridas. Si no usa todo ese nuevo material, será un banco de datos de discursos en potencia. Un orador no es el que puede leer un texto, emplear un PowerPoint, sino el que domina una materia.

Poseer un conocimiento profundo del tema es de suma importancia. Eso implica dominar y tener la vivencia de los contenidos que se transmiten. No es un mero hecho de divulgar conocimiento teórico. El público percibe cuando el orador conoce lo recóndito del tema. No es lo mismo escuchar a un orador que transmite un contenido que conoce superficialmente, compartiendo un montón de datos que se encuentran en la web, que denominar la materia. Todo el ser del orador está inmerso en el conocimiento de su discurso.

El orador tendrá asegurado el 90% del triunfo si ha planificado su discurso, lo conoce en profundidad y ha meditado suficiente sobre él, de tal manera que cualquier pregunta que le planteen desde cualquier perspectiva la podrá contestar con exactitud.

Lea mucho

Si quiere triunfar como orador, conviértase en un lector habitual. Pague el precio. Pase horas y horas leyendo libros, artículos, ensayos. Así desarrollará potentes discursos.

Los grandes oradores leen mucho. Uno de los más grandes oradores del siglo XIX leía seis libros por semana. Su biblioteca personal, hace casi doscientos años, estaba formada por doce mil libros. Ha pasado la prueba del tiempo, muchos siguen leyendo e inspirándose en sus discursos (Spurgeon, 1981).

Hoy, con el libro de formato digital, el acortamiento de las distancias y el abaratamiento del libro, no tenemos excusa.

Mantenga un reservorio de conocimiento

No actúe como algunos profesores novatos que solo leen las páginas del libro de texto que están leyendo los estudiantes. Se moldeará para convertirse en un orador mediocre. Por el contrario, si se comporta como los profesores connotados que se exigen a sí mismos leer muchísimo, estudiar y profundizar sobre su materia para ser una autoridad, va por el camino correcto. Se convertirá en un orador brillante.

La manera de aumentar su reservorio de conocimiento es investigando sobre las áreas de interés y todas las ramas del conocimiento afines. Además, no ignore el conocimiento universal en el ámbito de la historia, la literatura, el arte, la ciencia, la filosofía y otras de las ciencias sociales.

Las razones esenciales para tener un cúmulo de conocimiento son:

Para su propio crecimiento.

Para que sus conferencias sean nutridas.

Para responder cualquier pregunta.

Recuerde: el conocimiento es poder, pero tener un reservorio grande de conocimiento es una dinamita para derribar cualquier argumento.

13. Haga una buena invención del discurso

Existen varios modos en el orden de elaborar un discurso. Baste es decir que la manera que propongo, paso a paso, me ha ayudado a elaborar mejores discursos y a ser más efectivo para que las personas reciban con libertad el contenido. No estoy diciendo que es el mejor método. Contiene elementos esenciales de los otros. No se puede generalizar: "Todos los métodos... ningún método" ¡No! Como dice el refrán: "Cada uno tiene su modo de matar pulgas", eso sí, unos son más eficientes que otros.

La buena invención implica reflexión, estudio, análisis, imaginación, sumado a la perseverancia. Un discurso extraordinario es el resultado de un trabajo planeado, practicado, evaluado. Nunca brota de la improvisación.

Responda de antemano las preguntas: ¿Quién dice? ¿Qué dice? ¿A quién dice? ¿Cómo lo dice?

¿Quién dice? El orador. Percíbase a sí mismo como alguien que tiene la vocación, el conocimiento, la experiencia de lo que va a compartir. Aquí también se involucran la integridad, la capacidad y la experiencia del orador. Si falta una de estas tres, afectará al discurso.

¿Qué dice? Se refiere a la explicación de la idea principal, a la calidad del contenido del discurso. Si este es excelente, los resultados también lo serán.

¿A quién dice? Habla del público. Conozca las características del público y aprenda a percibir los aspectos distintivos de nuestros interlocutores.

¿Cómo lo dice? Es la manera de transmitir el discurso. Si algo es importante es saber decir la información. Sabemos que no es solamente lo que se dice, sino cómo se dice. Este principio es claro cuando se cuenta una anécdota humorística. El que no tiene el talento, puede contar exactamente el mismo chiste del humorista, pero no provocará risa (Lasswell, 1990).

Dé vida a la idea que configurará el tema

Este es el primer paso importante para tener éxito en el discurso. Es necesario que la idea tenga una perspectiva original. Esta será el hilo conductor de principio a fin. Se desarrollará con argumentos sólidos. Esta idea se convierte en el mensaje que deseamos transmitir. El fin es que la audiencia salga con herramientas y consejos prácticos que se condensan en la idea que se ha venido disertando.

Sea que se trate de una idea no tan novedosa, de descubrimientos recientes de un área de investigación científica o de una charla de superación personal; lo importante es que sea de utilidad para los oyentes.

Comparta solo una idea

El discurso sorprendente gira en torno a una sola idea, no más. Tema, título, introducción, desarrollo, ilustración, aplicación y conclusión son eslabones para resaltar la unidad de la idea que usted compartirá al público. Solo así se logra que el discurso quede fijado en la mente y el corazón del oyente.

Defina el tema

La definición del tema se levanta sobre el fundamento de la idea principal. Es indispensable que el tema sea interesante. Es como decidir cuál será el mejor regalo que quiera obsequiar al público.

Tanto la idea como el tema pueden originarse por el área de conocimiento que usted domina, por acontecimientos, por necesidades, sugerencias o peticiones específicas. Susténtelos con ensayos, experiencias, pruebas, observaciones que resulten en afirmaciones convincentes. En el caso de la conferencia científica, se basa en estudios fidedignos mostrando las fuentes.

En todas las áreas de conocimiento, nadie parte de cero, ni tocará un tema totalmente nuevo, pero lo que sí es fundamental es que el enfoque sea singular.

Establezca el propósito del discurso

El significado de la palabra "propósito" se remonta a los antiguos griegos. Ellos calzaron el vocablo *Telos*, que significa: propósito, intención, finalidad. Todo discurso, como toda acción humana, posee un *Telos*. Este no es lo mismo que el tema. El tema es el asunto que usted tratará, el propósito es lo que pretende alcanzar con este tema. El *Telos* lo que persigue es el resultado. Por eso, si el orador no tiene un propósito o no lo tiene muy claro, es mejor que se calle. Como dice el proverbio: "Hasta el necio es tomado por sabio cuando calla".

Es necesario que el propósito de su discurso incluya con exactitud lo que desea comunicar. La manera adecuada para que el público lo reciba con agrado es ir diciéndolo de manera progresiva, para que el oyente los entienda y se emocione a la medida que lo oye.

La meta del *Telos* es la satisfacción de las necesidades humanas de orden intelectual, emocional, mental y práctico.

Por eso haga que su discurso apunte a ello, usando como medio una sólida estructura y un contenido fluido para no caer en la pendiente de la indecisión, transmitiendo información difusa.

Las conferencias tienen a nivel general grandes propósitos: probar, agradar, convencer, persuadir, informar, transformar, crear nuevos anhelos, suplir necesidades, como lo hemos venido exponiendo. El medio son los contenidos de las más variadas conferencias: cómo hablar bien en público, cómo mejorar la salud, las finanzas, superación personal, emprendimiento, lectura, tecnología, nutrición, neurociencia, familia, relaciones interpersonales y otros.

A nivel específico, los propósitos fundamentales de las conferencias se podrían agrupar en dos: edificación y transformación, que dispensan aprendizaje, cambios significativos en las vidas de los asistentes a las conferencias que redunden en el crecimiento personal, profesional, empresarial, familiar. Algunas conferencias no cumplen con esos dos propósitos. En lugar de eso, están cargadas de abstracción y de generalización. Con relación al primer mal, el orador no logra poner los pies en tierra, se queda a un nivel intelectual indeterminado. En cuanto al segundo, el mal radica en que no destaca los puntos particulares de interés. En ambos casos no logra conectar con los aspectos vivenciales de los oyentes.

El resultado son discursos informativos imprecisos que llevan a la indiferencia del público. (Arrastía, 1993).

Es necesario que el orador tenga claro qué respuesta espera de los participantes después de pronunciar su discurso.

Siempre que quiera hablar en público piense cuál es su *Telos* y, en base a este, trabaje con excelencia su conferencia.

Reúna todo el material posible

La recopilación de todos los materiales sobre su tema es la base de la elaboración de su discurso. Es como la harina de trigo para elaborar pan: sin ella no hay producto. Se obtiene investigando, leyendo toda clase de fondos bibliográficos: monografías, libros, artículos de revistas, periódicos, estadísticas, anécdotas, chistes, obras generales y materiales virtuales.

Luego viene la etapa de la selección de materiales, para quedarse con lo imprescindible. En seguida viene la etapa del ordenamiento de los materiales en un orden lógico, ascendente. Esto ayudará a que el desarrollo del tema sea vigoroso.

Enfoque el discurso de manera positiva

Enfoque los discursos desde una perspectiva positiva en todo sentido, comenzando con la actitud. Emprenda su discurso creyendo que triunfará, pues comenzar algo pensando que no lo alcanzará es letal. Usted estaría cavando su tumba.

En el aspecto formal hay que ser positivo desde el título. Es mejor titular la conferencia: "Aprendamos a ser positivos" que "La actitud negativa destruye". Nuestro cerebro capta mejor las cosas cuando hablamos con oraciones positivas que con negativas. Hay que enfocarse siempre en el hecho de que el contenido sea deseable para los oyentes. Por eso, es mejor disertar resaltando los aspectos positivos del mensaje en el discurso. En esa línea, Crane afirma: "La cuestión positiva de la verdad es mil veces mejor que la refutación negativa del error" (Crane, 1991).

Fomente la voluntad de triunfar

El que está determinado a triunfar ha avanzado la mitad del camino. En las batallas de la vida, juega un papel importantísimo la voluntad de triunfar. El que la posee resiste las más grandes pruebas, soporta las más fuertes presiones, se sobrepone a las posiciones más desventajosas, se levanta de las frustrantes caídas.

Esto es real en las guerras, en los deportes, en las enfermedades... Los grandes estrategas militares de todos los tiempos reconocen la importancia del entrenamiento, el número de soldados, la calidad y la cantidad de armas, pero saben que es determinante el valor, la confianza y la moral de los soldados. Si estos han perdido la voluntad de vencer, pueden estar a punto de triunfar, pero se vienen a tierra. Pierden la batalla. Los deportistas de élite saben que es imperante para vencer que a su condición física se le sume una mentalidad triunfadora. Todos los enfermos que se determinan mentalmente para curarse tienen altas probabilidades de recuperarse pronto, contrario a los que son pesimistas. Hay suficientes estudios al respecto.

En el caso del orador es exactamente lo mismo. Estudie, prepare el mejor discurso que pueda, ensaye, pero fomente la voluntad de triunfar y triunfará.

Construya una estructura sólida

Existen varias modalidades, muestro dos:

a) *Introducción:* Prepara a la audiencia para el punto medular.

Nudo: Se llama nudo a las dificultades que aparecen repentinamente, se complican, luego hay una tregua, parece que todo se va a solucionar, pero viene una crisis mayor. Esa es la modalidad de nudo a grandes rasgos.

Desenlace: Es la parte en que se demuestra cómo es que se termina la historia. Puede culminar mostrando cómo es que se triunfa sobre los obstáculos o cómo se termina en derrota.

Es una de las estructuras argumentativas más usadas en el cine, en la telenovela y la novela escrita. Funciona también en el discurso.

b) *Tema:* Asunto sobre cualquier área de conocimiento o experiencia.

Título: Sugestivo, corto, con un verbo, desafiante.

Introducción: Breve, atractiva, intrigante, enfocada al tema o idea central.

Desarrollo: Explica la idea con claridad y convicción de acuerdo con la estructura, presenta pruebas y argumentos en las que se fundamente la idea.

Ilustración: Ejemplos, analogías, historias, cuentos, dichos, para clarificar los argumentos.

Aplicación: Enseña cómo influiría este principio a quienes lo pongan en práctica.

Conclusión. Breve, en la que se invita al público a poner en práctica lo escuchado.

Esta segunda opción es la más efectiva para el discurso.

Recuerde, la estructura es una herramienta, no un fin en sí misma. El propósito de la conferencia es comunicar una idea de manera eficiente por medio de una estructura bien elaborada para edificar y transformar.

14. Amarre las partes del discurso

Para construir de manera sólida el discurso, concéntrese en las siguientes partes: tema, título, introducción, estructura, desarrollo, ilustraciones, aplicación, conclusión. Asegúrese de que estas partes vayan perfectamente unidas por una idea principal, un propósito claro, un contenido sustancioso. No podemos amarrar un discurso con asuntos irrelevantes.

Tema

Elegir el tema es uno de los asuntos cruciales. Si este carece de relevancia para la audiencia, el discurso ha fracasado por anticipado. Es posible que la asistencia sea baja y que los que lleguen no salgan satisfechos. Haga todo lo posible para que su tema sea deseable. Es cierto que la elección del tema depende del área de su conocimiento, experiencia, pero siempre se puede trabajar con excelencia. Otros aspectos que ayudan a la elección de un tema prometedor son:

Que al orador le apasione.

Que el tema esté en lo profundo de su corazón.

Ejemplos de grandes temas: nutrición, marketing, finanzas, neurociencia y salud mental, inteligencia artificial, creatividad, liderazgo, superación personal, comunicación, negocios, emprendimiento, ejercicio, etc.

Por lo regular el tema se describe de manera amplia, luego se delimita y, finalmente, se construye el título con un enfoque llamativo:

a) Tema general: Nutrición.
Tema delimitado: Alimentación balanceada.
Título: Aprende a nutrirte de manera sencilla.

b) Tema general: El Ajedrez.
Tema delimitado: El ajedrez educativo.
Título: ¿Cómo nos ayuda el ajedrez para mejorar el aprendizaje?

Título

El título es lo que provoca que las personas decidan venir o no a su conferencia. Es vital. No escatime tiempo, esfuerzo, pensamiento, en encontrar el mejor título de acuerdo con lo que quiera transmitir y con el grupo de su interés.

Elabore el tema y el título de tal manera que apunte a solucionar las necesidades específicas de las personas, a menos que su área sea el humorismo.

¿Cuáles de los títulos siguientes atraerían más personas a su conferencia?:

a) Capacitación para emprender.
b) Cómo atraer clientes rápidamente.

a) Capacitación para triunfar en la vida.
b) Cuáles son los pasos para triunfar en la vida.

a) El estrés, un enemigo mortal.
b) Cómo vencer el estrés desde el primer día.

Los primeros títulos, de las letras "a", son proposiciones muy amplias y la audiencia los percibirá distantes.

Los segundos, los títulos de las letras "b", son específicos, apelan a las necesidades y crean expectativa.

El contenido en los dos casos podría ser el mismo, pero para el público las ganas de asistir son totalmente diferentes.

Lo importante del título es que dé a entender que usted hablará de lo que les interesa a ellos, de cómo solucionar sus problemas. A ellos no les interesa en sí lo que usted es: youtuber, médico, abogado, arquitecto, astronauta, arqueólogo, filántropo, teólogo, filósofo, etc; pero sí les interesa ir a escuchar a alguien que les dirá cómo lograr el triunfo.

Analice qué problemas está ayudando a solucionar a los oyentes.

Los mejores títulos del discurso pueden ser:

Afirmativos: "La creatividad puede solucionar tus problemas".

Interrogativos: "¿Cómo enfrentar el fracaso?"

Exclamativos: "¡Tú también puedes ser un orador!"

Introducción

La introducción está formada por las primeras palabras que dice el orador con relación al discurso que disertará. La finalidad es preparar las mentes de los oyentes, captar su interés y ganarse su voluntad.

Diseñe la introducción de forma transicional para que conecte suavemente con la idea principal y el cuerpo del discurso.

Recuerde que tiene treinta segundos para captar la atención o repelerla. Insisto, una buena introducción es de primerísima importancia. Que no sea extensa, pero sí muy puntual.

No utilice el mismo tipo de introducción. Procure un enfoque variado. No comience siempre con una pregunta, mostrando un objeto, con una historia, con un adagio, con una situación dramática. La razón es que una vez la audiencia sepa que siempre iniciará cada discurso de la misma manera, fallará la expectativa.

Por años escuché a un orador elocuente. Siempre introducía sus discursos de la misma manera. Si su tema era sobre la disciplina, introducía con algo relacionado a la negligencia; si su tema era sobre el pensamiento positivo, lo introducía con la realidad de los pensamientos negativos que nos vienen a la mente. Su manera de introducir era con el antónimo del tema a tratar. Solo al oír la introducción, ya sabía sobre qué asunto iba a disertar.

Es pertinente recordarle que la introducción sea breve, insólita, adecuada, para que capte de inmediato la atención y los oyentes se dispongan para escuchar la conferencia.

Estructura

Para elaborar la estructura, tenga claro el tema y el propósito del mismo. A partir de ahí surgen las ideas que se desprenden de la idea principal. Esas ideas secundarias son como las columnas de una construcción. Las subdivisiones son el esqueleto del discurso, soportan el contenido y facilitan el desarrollo. Estas pueden ser una, dos y no más de tres, y siempre sustentando la idea principal. Cuando haya escogido el tema, anote todas las ideas que vengan a su mente con relación a este. Después de anotar todas las ideas, escoja las mejores según su criterio y úselas como la base de la estructura.

Desarrollo

El desarrollo es la ampliación de información que se comunica de manera detallada y de forma ordenada. Es explicar en partes la idea principal sobre la que regirá la conferencia. Luego se muestran los puntos que le interesan al público de forma ascendente para ir creando expectativa y prepararlos para los puntos de inflexión, luego presentarles el desenlace. En la etapa inicial, es contraproducente mostrar listas de datos estadísticos poco comprensibles para la mayoría.

Destaque información nueva sobre el tema. Si es necesario recordar algo conocido o antiguo, sea breve. Cuando sea necesario usar palabras técnicas, explíquelas siempre.

Recuerde la importancia del desarrollo, este es como la sangre, la carne, los músculos, los tendones y los sistemas del cuerpo que recubren el esqueleto que simboliza la estructura.

Ilustración

Ilustre con medida. El arte de ilustrar un discurso se tiene que aprender. Es una tarea de toda la vida. No es fácil. Espolear la imaginación de los asistentes es bueno pero, en las ilustraciones, realizarlo de manera indeterminada es insuficiente. Es como si un pintor dijera mostrando un lienzo en blanco: ¡Imagínese la hermosa pintura! ¡Trate de imaginarla!

El ilustrar en el discurso no se reduce a usar la imaginación, memorizarse una media docena de anécdotas, unos cuantos chistes u otros cuentos. Consiste en dar iluminación por medio de hechos, pinturas, imágenes, historias, adagios, refranes, proverbios, comparaciones, metáforas, analogías, parábolas, anécdotas, incidentes, imágenes audiovisuales, etc, para el entendimiento de las verdades que estamos transmitiendo.

Existen varias fuentes de las que se pueden tomar las ilustraciones, aparte de las que ya mencioné: Experiencias personales, biografías, artículos en revistas y periódicos, pensamientos inspiradores en devocionales, frases agudas, ilustraciones sobre la tecnología, descubrimientos diversos, de la naturaleza, de la observación espontánea y analítica, la invención pura, la ciencia, la historia, la literatura y el arte.

Utilice ilustraciones que estén conectadas al tema, a la idea central y a las derivadas de ella. La finalidad es que se afiancen en las mentes de la audiencia las verdades del discurso a través de las ilustraciones.

Las ilustraciones son "como las ventanas de una casa, no la sostienen como los cimientos, columnas y vigas, pero dan claridad", ayudan a convencer, motivan.

Si no encuentra la ilustración exacta para cada parte de la estructura del discurso, mejor no use ninguna. Sí, porque el insertar ilustraciones que no concuerdan solo por cumplir un requisito, es contraproducente.

Las ilustraciones pertinentes son una buena herramienta para que los discursos sean destacados. Una conferencia se adhiere a la mente y a los corazones de los oyentes con ilustraciones acordes a las verdades centrales.

Es cierto que es una tarea ardua encontrar la ilustración exacta para cada verdad. Pero el orador que lee mucho es observador, anota y es organizado, sacará de su reservorio de ilustraciones aquellas que vienen a la medida para cada discurso.

Un ejemplo: si el tema de nuestra conferencia fuera sobre nuestro desarrollo personal normal, fuerte, podríamos usar la imagen del árbol de cedro: su firmeza, su altura, abundantes ramas, olor agradable y su preciada madera, sería útil. Y por contraste, si no crecemos en lo personal, podríamos usar la imagen del árbol bonsái, un árbol que tiene todas las características de un árbol crecido, pero enano. La razón es que le cortan la raíz principal, le dejan las raíces secundarias por las que se alimenta. Por eso no crece. Solo sirve de adorno.

Bienaventurado el orador que encuentra ilustraciones pertinentes para cada una de las partes de su discurso. Desdichado el orador que no ilustra sus discursos. Encontrar ese tipo de ilustraciones es lo que también diferencia al orador extraordinario del común.

Recuerde que la ilustración es la clarificación de las verdades contenidas en las divisiones, subdivisiones y en el desarrollo del discurso. Busque incansablemente las ilustraciones. No se arrepentirá.

Aplicación

Aplique las verdades del discurso. Es aquí donde fallan mayormente los oradores. Sus conferencias no responden a los desafíos de la vida. La audiencia necesita conocer los lineamientos a seguir al salir del auditorio, vivirlos durante la semana. Las aplicaciones escasean en la mayoría de discursos académicos. Lo que necesitan los oyentes es ser guiados paso a paso.

El propósito es que aquellos que oigan al conferencista se beneficien de la enseñanza. De lo contrario, el riesgo es que el discurso se convierta en una estructura pobre sin una conexión existencial.El puro conocimiento sin aplicación resulta en orgullo: "El conocimiento envanece".

Otro aspecto importante de la aplicación es la acción persuasiva del orador por medio de la cual aplica las verdades, las enseñanzas, las condiciones, los desafíos e interpela a los oyentes de manera directa y particular con el fin de que haya una respuesta personal acorde al contenido del discurso.

Conclusión

Concluya eficazmente. Es el momento en el que el orador llega al final de su disertación y el tiempo exacto para que los asistentes den una respuesta a lo escuchado. Las opiniones de los autores sugieren variadas formas de concluir. Creo que está bien, siempre y cuando reafirmen la esencia del discurso que se ha comunicado. Si no es así, se echa a perder lo que se ha logrado:
Las maneras de concluir:

Invitar a la acción.

Llamar a la reflexión.

Terminar con una pregunta.

Plantear un desafío.

Provocar interactuación si el formato lo permite.

Reiterar cómo le puede ayudar lo escuchado.

Plantear algunas preguntas sobre la vida personal.

Hacer un llamado a la acción inmediata.

Dejar un pensamiento importante.

Compartir una ilustración interesante.

Decir una estrofa de un poema.

Reafirmar la proposición del discurso.

Recordar: si obedecen los consejos, verán resultados.

Lanzar una apelación a la conciencia (Silva, 1995).

Es válido hacer un recordatorio después de la conclusión sobre los materiales y libros para descargar gratuitamente. Anunciar una próxima conferencia relacionada al tema que escucharon. Esto es un valor agregado que todo asistente a una charla valora. Es un elemento que ayudará a la fidelización del público.

En la conferencia hablada no es necesario ir mostrando fuente por fuente hasta agotarlas. Si quiere resaltar algunas, que no sean más de tres. Las fuentes pueden quedar en letra pequeña.

Si usa diapositivas que sean principalmente imágenes, que contengan textos que sean frases u oraciones breves. Coloque en cada diapositiva una idea a la vez y con alta resolución. El tamaño de fuente generalmente aceptado es cuarenta y dos.

15. Complemente el discurso

Sazone el discurso

Después de tener un discurso completo, bien armado, proporcionado en estructura, extensión y belleza, entonces podemos dar los últimos detalles, como toda obra de arte.

Sazonar el discurso significa saborear todos los componentes para comprobar que todo está a gusto. Aquí se puede quitar, agregar, redondear. Es la acción de sumar aspectos sutiles, ajustar algunas frases, revisar la redacción, leerlo y releerlo en voz alta. Ahí notaremos si hay que realizar los últimos cambios o está en el punto exacto para comunicarlo.

Sazonar el discurso es como decir: "Les invitamos al exquisito desayuno buffet del hotel X: fruta fresca, diversos zumos naturales, leche, crema, quesos, jamones, huevos al gusto, avena, hot cake y waffles con miel de maple, tostadas con mermelada, café, pastelillos, etc". En cambio, si decimos solamente "les invitamos al desayuno *bufé*", es menos sugestivo, aunque todos lo entiendan.

16. Características de los discursos destacados

Usan un lenguaje simple

Un gran obstáculo que nos impide conectarnos con la audiencia es hablarles como si fuese a nosotros mismos. Incluso cuando vamos a dar una presentación muy técnica, concentrémonos en los intereses de nuestro público. Steve Jobs dominaba este arte a la perfección. Por eso, en vez de decir que el nuevo iPod tiene 4gb de capacidad, decía: "Ahora puedes tener 1 000 canciones en tu bolsillo". ¿Cuál información cree que tenía mayor impacto?

Crean expectativa

Proyectan una buena perspectiva del discurso sin declarar los puntos principales, ni la respuesta del desenlace. Les doy un buen ejemplo que encontré en la Web. Crea expectativa sin mencionar nada del desarrollo: "Hoy descubriremos cómo la física moderna nació con un experimento que fracasó miserablemente ". A cualquiera le llama la atención.

El orador que sabe crear expectación hacia la satisfacción de los anhelos, necesidades, obtiene una buena respuesta del público. Si la expectativa no es prometedora, bajará la intensidad de atención.

Poseen equilibrio entre razón y emoción

Este es el reto más difícil de toda presentación. Si se enfoca demasiado en narrar el contenido, va a aburrir al público; pero si se concentra únicamente en aspectos emotivos, los que razonan pensarán que no tiene sustancia. ¿La recomendación? Prepare un discurso en el que se intercalen el razonamiento y la emoción a cada tres o cuatro minutos con el fin de que la audiencia salga convencida y motivada.

Aprenda el equilibrio entre la razón y la emoción de los que ejercen la profesión de vendedores. Tienen la habilidad de convencer. Se comunican bien y aprenden a manejar las palabras llenas de dinamita combinando la razón con la emoción. Un vendedor de coches, cuando muestra el vehículo, comienza siendo muy amable. Siempre muestra una sonrisa. Luego habla de las características que apelan al intelecto: caballos de fuerza, ahorro de combustible, el motor, la transmisión automática, seguridad, calidad, etc. Pronto muestra los aspectos que se relacionan con la emoción: el estilo, la belleza, el confort, el lujo del automóvil que se merece el comprador de ese vehículo. En seguida toca la imagen del comprador: "Usted se vería muy bien en este tipo de automóvil, su familia estaría muy contenta", "el color rojo es lindo" o "le gusta más el azul", "en el almacén tenemos más colores", etc. Finalmente va a la parte donde tocará más la emoción: "Sienta la fuerza y la comodidad del vehículo", y le propone la prueba de conducción. Al final la emoción puede ser más fuerte que la razón. Y el cliente se decidirá a comprar el coche no solo por la parte lógica, sino por la parte emotiva: la recompensa que él merece. Lo que el vendedor le ha vendido es la imagen del cliente conduciendo y poseyendo el vehículo, reafirmándole que es una justa recompensa.

Utilizan diapositivas moderadamente

A veces la exposición oral requiere explicar conceptos difíciles de entender. Una presentación con diapositivas permite asimilar mejor la información. Es un material de apoyo para el receptor, pero también para el emisor. Puede resumir los datos medulares de su discurso en un PowerPoint o Prezi[9]. La regla creada por Guy Kawasaki de 10-20-30 funciona para maximizar la presentación. Eso quiere decir que no contiene más de 10 diapositivas, 20 minutos de duración, ni menos de 30 puntos en el tamaño de letra.

https://www.youtube.com/watch?v=kVtIMAC5Y-s

Son proporcionados

Son armoniosos en extensión, estructura y contenido. Contienen una introducción y conclusión destacadas, el cuerpo del mensaje bien desarrollado con base en la idea principal y secundarias, con una pertinente ilustración y un desenlace eficaz.

He oído algunos discursos en los que la introducción es muy larga, el contenido del desarrollo se transmite a la carrera. En otros discursos el contenido es muy extenso, con muchas subdivisiones y, por el tiempo, la conclusión es enjuta.

Son personales

Los discursos que llegan al corazón de los oyentes son los que contienen un mensaje personalizado. No argumentan sobre asuntos abstractos. Tampoco son conferencias que transmiten información fría que no motivan humanamente, sino que proclaman un contenido que sacude al oyente para que dé una respuesta afirmativa. No dejan en los oyentes la sensación de ser solo espectadores. Los invitan de manera personal a que den una respuesta positiva.

Aplican las verdades a sus oyentes

No se quedan en la narración de lo que exponen. Aplican el conocimiento a las situaciones trascendentes de los oyentes, a los aspectos de la vida diaria en medio de un mundo lleno de retos.

---

9. Presentadores electrónicos online que se descargan de forma gratuita.

Son vivenciales

Transmita la vida que se encuentra en el contenido de la conferencia. Es la que toca el corazón. No se enfoque solo en la erudición. El discurso no es para endulzar el oído, sino para transformar las vidas con el cambio de mentalidad, mostrando solidaridad con el público.

El público se identifica con usted al escuchar relatos en primera persona acerca de sus victorias y sus amargas derrotas. Pero hágalo con modestia para no provocar rechazo en ellos. Si usted pregunta a una audiencia en América Latina: ¿Cuántos han visitado China? O ¿Cuántos han viajado a las pirámides de Egipto? O ¿Cuántos han vivido la experiencia de un Auto Safari en África? Está mostrando un aire de superioridad porque seguramente ni uno solo del auditorio habrá visitado esos lugares, incluso si lo preguntara a un público en España. Es mejor que usted con naturalidad hable de lo que puede significar para alguien caminar por la muralla china, contemplar las pirámides de Egipto o la sensación de observar libremente de cerca animales salvajes.

Son como un rayo láser, no como una bombilla

Que su discurso sea como un rayo láser que da en un punto específico, no como la bombilla que desparrama luz. Este tipo de discurso va dirigido hacia un fin en particular. Cuando un discurso carece de unidad, es posible que algunas frases sueltas tengan cierto efecto en la mente de algunos, pero el discurso como tal probablemente no será muy eficaz.

Es mejor explicar bien una sola idea que impacte como una bala a los oyentes y no lanzar muchas ideas a semejanza del escopetazo que lanza muchos perdigones. No daremos en el centro y atontaremos a nuestra audiencia.

El discurso efectivo también se asemeja a una estocada que penetra al corazón de los oyentes.

Son pertinentes

Tienen un valor práctico. Son de actualidad. Son oportunos a las situaciones que rodean a los oyentes, a los males de la época, dando respuestas que emanan del conocimiento y la experiencia. No se ocupan de las especulaciones, ni de las controversias superfluas. Responden de manera precisa a las necesidades almáticas, emocionales, físicas y materiales de las personas.

Son prudentes con el contenido.

Es una acción temeraria llevar ante el auditorio discursos con información controversial, menos aún que el orador ventile sus propias dudas. Los oyentes necesitan escuchar discursos certeros, no conferencias que los empujen a la sombra de la incertidumbre.

Son conmovedores

Para que el público se conmueva, el orador ha de conmoverse primero. Y para que el orador se conmueva, es preciso que viva intensamente lo que dice. Todo discurso que apele solo al intelecto y no conmueva el corazón de la audiencia es un discurso enfermo de muerte. Para ello el orador traza un paralelo entre las circunstancias, principios del contenido y las realidades actuales de los oyentes. Los oyentes se compungen al sentirse comprendidos por el orador cuando este se solidariza con ellos. Se conmueven si escuchan historias con las que se identifican, comprendiendo que ellos pueden triunfar pese a sus debilidades, errores, pues al fin y al cabo el éxito acontece en medio de los fracasos.

Proyectan una imagen positiva del oyente

El orador experimentado sabe que si ya está presente su público en el auditorio es porque le interesa la conferencia anunciada. Les felicita, les agradece, les expresa que están en el lugar indicado para adquirir conocimientos, para crecer como personas y triunfar en la vida. Esto no es adulación, es un aliciente sincero. Pero eso no basta, el orador responsable sabe que es necesario que el contenido de su conferencia sea potente, que no defraude a nadie, que sobrepase las expectativas; entonces se produce una esfera de energía positiva en el ambiente porque ha proyectado una imagen efectiva de los asistentes con un brillante discurso.

Sabemos que los publicistas venden realmente la imagen de los clientes, más que la de los productos. Aprendamos algo de ellos. Eso no significa realizar una publicidad engañosa, sino provocar una genuina motivación.

Un ejemplo del buen trabajo publicitario:

Primer paso: captar la atención del interesado.
Señora ama de casa, ¿tiene usted las manos secas y feas?

Segundo paso: presentar la necesidad de la imagen de la persona, del producto todavía no.
A su esposo le gusta que sus manos estén suaves y tersas.

Tercer paso: consiste en presentarle la solución
El jabón X le devuelve la suavidad a su piel.

Cuarto paso: mostrar imágenes en las que el producto funciona.
Vea que lindas quedan sus manos después de lavarse con el jabón X.

Quinto paso: ninguna persuasión es completa si no hay una apelación final, un llamado a hacer algo.
Adquiera hoy mismo el jabón x y sorprenda a su esposo (Pantoja, 1986).

En realidad, lo que se ha vendido primero es la imagen de la mujer con sus manos suaves y tersas, luego el jabón X.

Nunca improvisan

Los conferencistas destacados jamás improvisan. Es necesario invertir un promedio de sesenta a noventa horas de trabajo para una conferencia de sesenta minutos. ¿Cuán extraordinario orador quiere ser? Eso dependerá de la cantidad de horas de trabajo y ensayo que invierta.

Cuando ha estructurado el discurso, lo ha escrito, lo ha estudiado y lo domina, puede ampliar fácilmente un concepto, una idea con algunas palabras que vengan al caso y no estén escritas. Las palabras se pueden improvisar; las ideas, jamás. El secreto del discurso improvisado del que hablan algunos es que no hay discurso improvisado. El que se lanza temerariamente a pronunciar un discurso sin conocer en profundidad el tema y sin haberlo elaborado con todos los pasos, es como si se tirarse de un avión sin paracaídas.

Como dijo Shakespeare con fina ironía: *"Las improvisaciones son mejores cuando se preparan"*.

SEGUNDA PARTE
Consejos sobre el orador

17. Descubra el poder de las palabras

Las palabras que pronunciamos abren espacios emocionales e imágenes positivas o negativas en el cerebro de quienes escuchan. Hay verdad en la expresión "la vida y la muerte están en el poder de la palabra expresada". Con ella puede deleitar o aburrir, herir o sanar, confundir o aclarar, animar o desconsolar, construir autoestima o derribarla.

El poder de la palabra hablada pasa inadvertido para la mayoría de las personas, aunque todas la tienen a su disposición. Confucio afirmó: "Quien no conoce bien la fuerza de las palabras no puede conocer bien a los hombres".

La fuerza de la palabra hablada ha sido reconocida a lo largo de la historia por muchos autores: "Todo el que desee hablar en público debe asombrarse al descubrir el poder de las palabras y cuánto puede lograr cuando habla de manera oportuna" (VA. 1987).

Las grandes revoluciones y las dictaduras se han forjado sobre el poder de la oratoria. Mahoma, Gandhi, Mussolini, Hitler, Fidel Castro, Hugo Chávez, son algunos ejemplos.

Goebbels, un hombre lisiado, pequeño y frágil llegó a convertirse en el vocero de Hitler y de la "raza aria" por medio de sus elocuentes discursos. Goebbels afirmó: "Es un error creer que la palabra escrita tiene mayor potencia que la palabra hablada. Un discurso eficiente es infinitamente más sugestivo que un buen artículo" (Curt, 2015).

Por ello se ha considerado que el secreto de los políticos, los abogados y los líderes de masas exitosos consiste en saber manejar las palabras (Le Bon, 2012).

La fuerza de las palabras va más allá de lo que se imaginan las personas. No importa cuál sea el temperamento, raza, cultura, nivel social, características físicas o académicas del orador, su personalidad se percibe cuando habla.

18. Piense que usted puede ser un buen orador

El primero en convencerse de que puede ser un orador es usted. Muchos pueden observar el potencial que usted tiene y decirle que esa es su vocación, que tiene el talante de un orador, pero si usted no lo cree, es en vano. Piense que, si cualquiera es capaz de realizar prodigios con sus palabras, usted también puede hacerlo. Si usted lo cree ya tiene una posición ganada por anticipado para triunfar. Es importante que asuma una actitud de confianza en la que puede comunicarse de manera efectiva con los demás. Crea que los contenidos de sus conferencias son ventajosos porque usted los ha comprobado. Automotívese. No espere que otros lo hagan porque quizá la espera será larga.

19. Tenga un deseo perseverante

La determinación es de suma importancia para triunfar en todas las áreas de nuestra vida. La determinación está sustentada, en este caso, por un deseo de convertirse en orador.

La victoria depende de la clase de aspiraciones que tengamos. Se puede predecir el éxito por la calidad, la energía, la viveza de los deseos que se forjan en nuestra mente. Así se puede pronosticar el fracaso si nuestros deseos son como el frágil tallo de un puerro.

El deseo perseverante se alimenta con la ilusión de la obtención de los beneficios que alcanzaremos. ¿Qué beneficios recibirá usted al aprender a hablar correctamente en público? Son varios: mayor influencia sobre los demás, mejor comunicación en el trabajo, la familia, los amigos, un mejor desempeño profesional, un mejor liderazgo, un mejor comunicador en la política, en la enseñanza, un mejor escritor, ser un youtuber, mejorar entrevistas de todo tipo, ser un presentador de televisión, maestro de ceremonias, emprendedor, un orador consumado que vive de transmitir sus conferencias, etc.

20. Prepárese para ser orador

El orador no nace, se hace

Sea que haya recibido o no el don de hablar con facilidad, recuerde que el orador no nace, se hace. Si sabe esa verdad, usted puede descubrir el potencial de comunicación que posee todo ser humano. Es un asunto de disposición, aprendizaje, y perseverancia. Muchos lo han alcanzado en todas las épocas de la historia. La mayoría de los grandes oradores no nacieron, se hicieron. Uno de los ejemplos más antiguos es el del extraordinario escritor y orador llamado Demóstenes:

"Para remediar los defectos corporales, empleó estos medios, según refiere Demetrio de Falero, que dice haber alcanzado a oír a Demóstenes cuando ya era anciano, que la torpeza y balbucencia de la lengua la venció y corrigió llevando guijas en la boca y pronunciando períodos al mismo tiempo, que en el campo ejercitaba la voz corriendo y subiendo a sitios elevados, hablando y pronunciando al mismo tiempo algún trozo de prosa o algunos versos con aliento cansado y, finalmente, que tenía en casa un grande espejo y que, puesto enfrente, recitaba, viéndose en él, sus discursos" (Plutarco).

Otros ejemplos: Abraham Lincoln, John F. Kennedy, Nelson Mandela, Barak Obama, Tony Robbins, Christopher Gardner, Jim Rohn, Miguel Ángel Cornejo, Nicky Bullisick…

Es sensato recordarles a los aspirantes a oradores y a los que ya transitan por ese camino que el convertirse en comunicadores extraordinarios no acontece de la noche a la mañana. Requiere tiempo. Algunos que entrenan a personas en empresas, organizaciones políticas y similares; o enseñan en escuelas, facultades y universidades, caen en el error de creer que ya son comunicadores consumados. Recuerdo a varios de mis profesores en los distintos niveles de mi formación académica que conocían el contenido de su asignatura, pero no lo transmitían eficazmente. De ahí la expresión "sabe mucho pero no lo puede explicar". Todos los estudiantes nos percatamos de ello.

Estudie, lea, profundice en el arte y la ciencia de la comunicación a través de los diversos medios que hay. No se rinda. Conviértase en orador, eso sí, no se resigne a ser un orador promedio, apunte a ser uno extraordinario. Ello exige un caminar con enfoque, concentración, estudio, ejercitación y perseverancia.

21. Tenga fe en que será un orador

La fe la usamos todos los días. Es parte de la naturaleza humana. Esta anticipa que muchos eventos sucederán porque damos un primer paso y luego esperamos un resultado. Muchas actividades las realizamos asumiendo que todo saldrá bien. Cuando usted sale de su casa, tiene la fe de que regresará. Sube al metro creyendo que llegará a su destino. Si maneja su vehículo tiene fe de que no chocará. Si aborda un avión tiene la fe de que no explotará al despegar o aterrizar. Si no tuviéramos esa fe nos paralizaríamos. Nadie viajaría, saldría a la calle, iría a trabajar, tomaría vacaciones, etc. Todo lo que realizamos necesita su dosis de fe. Esta es una cara de la fe.

La otra cara de la fe es actuar como si ya lo fuésemos o ya lo tuviésemos: No esperemos a estar alegres así como así, actuemos con alegría como si ya estuviésemos alegres. No vamos a esperar a sentirnos triunfadores, actuemos como si ya lo fuésemos; para sentir valentía, actuemos como si fuéramos valientes. Estas actitudes de fe harán que suceda. No estoy hablando de fingir, hablo de que la fe actúa como que ya se es y ya se tiene. La fe cree las cosas que no son como si ya fuesen. Por ello, tenga fe de que será un buen orador, haga su parte, prepárese, estudie, practique, persevere, actúe como si ya lo fuese y en seguida acontecerá.

22. Sepa que es más fácil ser orador que escritor

Está comprobado que todo ser humano puede convertirse en orador. Muchas personas que no saben leer y escribir hablan con cierta fluidez en las conversaciones cotidianas. Eso es frecuente en los hogares, en los mercados, en las áreas rurales, en la vía pública, etc. Se comunican y se dan a entender. Está claro que aquellos que saben leer y estudian adquieren más herramientas para hablar mejor, pero expresarse por escrito es mucho más difícil aun para los que saben leer y escribir, no digamos para los analfabetos.

Escribir requiere conocimientos de todas las reglas gramaticales del idioma y aplicarlas correctamente. Es un conocimiento aparte del que se recibe en las materias en el colegio o la universidad. Por eso, a miles de estudiantes de todas las universidades del mundo se les dificulta elaborar una tesis escrita para graduarse. Esa es la razón por la que muchas de esas universidades se han rendido y han sustituido la tesis de grado por algún otro proyecto individual o grupal práctico que no incluya el investigar y escribir. El grado de dificultad de ser escritor radica en que en la escritura es ineludible dominar el orden y la relación de las palabras en la oración, así como las funciones que cumple. Por eso no funciona grabar un discurso, luego escribirlo tal y como se escucha y presentarlo como un artículo, es una locura: "Para cualquier persona con cierta preocupación estilística por sus escritos, la audición de sus propias palabras improvisadas en una charla, lección habitual de clase, conferencia, rueda de trabajo, etc., se convierte en algo deprimente si pretende transmitir sin más el lenguaje grabado en un texto escrito presentado a un público lector" (Fernández, 1993).

Es un verdadero problema tratar de reordenar un discurso hablado para convertirlo en un armonioso escrito. Es como creer que por saber nadar se puede bucear inmediatamente sin haber sido instruido y sin practicar con el equipo de buceo. Por esta razón es mejor escribir un nuevo discurso que transcribir uno espontáneo grabado en audio.

Confío en que este argumento le anime y comience a transitar ese camino para convertirse en un buen orador.

Conozco a varios buenos oradores que no tienen un grado académico, son autodidactas y se comunican de manera sorprendentemente eficaz. Esto también ocurre en el ámbito de la política. La mayoría de los políticos no son prominentes intelectuales, grandes científicos o literatos consumados, no. Es cierto que algunos de ellos han estudiado las Ciencias Políticas y Sociales y otras afines, pero la mayoría, no.

Hay pocas excepciones en las que el orador también es escritor y viceversa.

Insisto: todos pueden ser oradores, pero no todos pueden ser escritores.

23. ¿Quién decide los tópicos del orador?

En primer lugar, el orador decide los temas a compartir. Su trasfondo, gustos, preferencias, formación y experiencia, son los que le inclinan naturalmente hacia los temas de sus discursos. Pero el orador que domina el arte y la ciencia de la comunicación está en la capacidad de disertar los temas del momento. Está claro que le tomará un buen tiempo estudiar, investigar, recopilar, clasificar, ordenar el proceso de la preparación del discurso, etc. Eso sí, hay que recordar que es importante que tenga autoridad moral en los temas que trate. Si es de finanzas, que sea un buen mayordomo. Si fuera el tema de las relaciones interpersonales, que sea un referente. Si es en el área de la superación personal, igual. Si es de liderazgo: sea un líder auténtico. Así, los tópicos se deciden no solo por el conocimiento del orador, sino por la demanda de los temas de actualidad.

Comience ahora

Si ha leído hasta aquí, asumo que usted desea ser un orador. Comience a poner en práctica lo aprendido mientras sigue estudiando. No espere a tener más tiempo, ya tiene todo el que hay: veinticuatro horas diarias. No hay más.

En varias ocasiones he oído a profesionales decirme: "pediré vacaciones o tomaré un año sabático para escribir un libro". A lo que he respondido: "si espera tener más tiempo o un tiempo especial para escribir, nunca lo escribirá".

Desde hace años he participado en talleres y conferencias de cómo escribir un libro. Me he topado con algunos de los mismos que año tras año siguen diciendo: "cuando tenga más tiempo empezaré a escribir".

Algunos de ellos me han dicho: "sé que usted ha escrito varios libros, ¿cómo es que lo hace?". Mi respuesta es: "varios de mis libros y conferencias los he escrito en tiempos intermitentes en medio de varias acciones: meditación y ejercicio por las mañanas, lecturas inspiradoras, trabajando en varias áreas: apoyo administrativo, preparando conferencias una vez por semana mínimo, dando clases dos veces por semana, asesorando tesis de pre y post grado, estudiando —me gradué trabajando y estudiando—, dando consejería específica, visitando a personas enfermas con graves problemas, atendiendo a mi esposa y mis hijas, tomando vacaciones una vez al año, un día a la semana para salir con mi familia, viajando. Comienzo a ver cómo se agrandan los ojos de mis interlocutores... y sigo explicando. Eso sí, prácticamente no veo televisión, solo algunos documentales o algunos vídeos cortos de temas que me interesan: cómo hablar en público, charlas motivacionales, documentales históricos, biografías, nutrición, neurociencia, vídeos de humor blanco, etc. Tomo diez minutos diarios para revisión y contestación de correos, y reviso otros diez minutos las redes sociales. Y juego un promedio de cinco partidas de ajedrez online a la semana, esto último como recreación y por salud mental. He aprendido a decir que no a muchas invitaciones que no ayudan a mis propósitos. ¿Soy dotado con una gran inteligencia? No, les aseguro que no. Comprobado. Mi esposa es testigo. Me considero solamente alguien perseverante y que sabe lo que quiere, tomando acción cada día confiando en que Dios me guía.

Esto se aplica igualmente en el caso de elaborar y disertar conferencias en público. Si usted va a esperar una inspiración especial para comenzar, no lo hará. Empiece ahora.

24. Sepa la forma adecuada de presentar al orador

La presentación del orador es importante. Si el presidente de la conferencia es quien lo presenta, que lo haga de tal manera que sea aceptado sin reservas por el público. Es sensato que la presentación la haga de manera breve. Incluye el decir quién es el orador, de dónde viene, los títulos más relevantes y dar razones por las que es importante que lo escuchen. Si la modalidad es que el orador se presente, las reglas son las mismas: sea breve, diga su nombre, estado civil, lugar de nacimiento, lugar de residencia actual. Si no es conocido, es correcto que diga sus títulos, especializaciones, obras y el propósito por el cual está allí frente a los asistentes, poniendo énfasis en la importancia del tema. Realícelo con entusiasmo, llaneza, sin exagerados honores. Recuerde que la presentación procura ganar simpatía del auditorio, no aburrirlo.

25. Grábese los cuatro propósitos esenciales del orador

Es sorprendente que hace más de dos mil años alguien describió los tres propósitos esenciales del orador eficaz:

«Será, pues, elocuente, aquel que en las causas forenses y civiles habla de forma *que pruebe, agrade* y *convenza*: probar, en aras de la necesidad; agradar, en aras de la belleza; y convencer, en aras de la victoria. Esto último es, en efecto, lo que más importancia de todo tiene para conseguir la victoria. "

Yo agregaría un cuarto: "Despertar un nuevo anhelo". Lo he abordado en el apartado *"Despierte un nuevo anhelo"*.

Sigue diciendo: "Que los métodos para alcanzar el fin del orador, que es siempre la persuasión, sean las pruebas materiales, que se presentan en un estilo sencillo y llano, la impresión causada por el carácter del hablante cuando emplea un estilo armonioso y bello y la capacidad de mover las pasiones del auditorio con la vehemencia de su estilo más apasionado".

Reafirma las mismas verdades desde otro ángulo:

"Es elocuente el que es capaz de decir las cosas sencillas con sencillez, las cosas elevadas con fuerza y las cosas intermedias con belleza" (Cicerón, traducción española de 1991).

Resumamos: los cuatro propósitos de todo orador extraordinario son:

* Demostrar.
* Agradar.
* Convencer.
* Despertar un nuevo anhelo.

26. Orador apto y conferencia sólida van de la mano

No existe discurso poderoso independiente de la vida de quien lo transmite. Así como el vaso limpio hace posible que el contenido que se deposite en él permanezca libre de contaminación, así el orador idóneo hace posible que el discurso fluya con vigor y pureza.

27. Desarrolle una buena actitud

Tenga confianza en sí mismo

Muchos de los oradores connotados jamás pensaron que lo serían. En varias ocasiones se rehusaron, confesándose incapaces. Creían que no calificaban, pero poco a poco descubrieron su potencial, lo cultivaron y ahora es su pasión irresistible.

La confianza ayuda a triunfar pese a los nervios que se tensan antes de la presentación, cuando el orador se conoce a sí mismo como el que ha sido llamado a esa vocación.

Pero la confianza crece sanamente en el orador a medida que se capacite, practique y diserte. Él mismo se dará cuenta de que sus conferencias son bien recibidas.

Su confianza en sí mimo se consolidará al profundizar en el ámbito del arte y la ciencia de la comunicación, al aprender los conocimientos sobre el proceso de comunicación oral, conocer al interlocutor en su edad, sexo, cultura, intereses, gustos, preferencias...

Viva todas las etapas del orador

Todo orador tiene que vivir las distintas etapas del proceso para convertirse en un experto. La primera etapa comienza con el deseo que catapulta a la acción de comunicarse con los cercanos en la vida cotidiana. Esto le empuja a comunicarse de la mejor manera posible con sus compañeros, amigos, vecinos, amas de casa, empleados, artesanos, comerciantes, estudiantes, etc. La segunda inicia cuando se comunica de manera efectiva también a niveles altos: con empresarios, eruditos, sabios, intelectuales...

En la tercera, aprende a comunicarse con todos los oyentes de distintos trasfondos y nivel educativo, usando un lenguaje sencillo y claro, el que toda la gente entiende. Así puede desarrollar la comunicación con palabras de uso cotidiano para que comprenda la importancia del mensaje que les transmite. Usa con exactitud ilustraciones, imágenes, historias y ejemplos para despertar la imaginación.

Al llegar la cuarta etapa, el orador comunica su discurso de manera extraordinaria a todo nivel y con audiencias heterogéneas. Ahora sabe que la solidez, hermosura y claridad de su mensaje son esenciales para que llegue a los corazones de todas las personas que lo escuchan. Se arma de recursos que le ayudan a comunicar de manera contundente sus discursos.

Si persevera, llegará a la quinta etapa: la del orador consumado. Es aquí cuando todos reconocen sin excepción su talento, su carrera. Saben que cualquiera de sus participaciones será un éxito porque diserta con autoridad, claridad y eficacia.

Dramatice su discurso

Dramatizar quiere decir contrastar expresiones en nuestra expresión corporal: tristeza-alegría, entusiasmo-desánimo, felicidad-sufrimiento, claridad -confusión, potencia-debilidad, risa-llanto, todo en su justa dimensión. Usted, orador, tenga una buena actuación emocionando e impresionando a la audiencia, contrastando de acuerdo con el contenido de su conferencia. Todo buen orador tiene algo de actor, en el buen sentido de la palabra.

Con este lineamiento, usted puede hacer que su discurso sea efusivo, bien articulado, vivido intensamente, de tal manera que algunos de los asistentes se compunjan, lloren, rían y regresen motivados, con el poder de un nuevo anhelo en su mente y corazón.

Demuestre que su discurso es congruente con su vida

Es ventajoso que la vida del orador vaya de la mano con su discurso. La audiencia no se va a impresionar solo porque el orador hable bien o conozca el contenido de su conferencia, sino porque sea un ejemplo de lo que enseña. ¿Si va a enseñar a "cómo dominar el estrés"? Aparezca relajado, con seguridad, libertad ante su público. ¿Si va a disertar sobre "qué hacer para triunfar como empresario"? Que el orador narre su propia experiencia de como fundó su primera empresa.

Esa coherencia entre lo que dice y lo que vive resulta en una comunicación existencial. Invita a ser escuchado. Así el orador tiene la autoridad para desafiar al público con frases como esta: usted puede hacer lo mismo. Tanto sus palabras como sus hechos demuestran que usted es íntegro. Eso fortalece su elocuencia comunicativa.

El orador destacado conoce la primacía del conocimiento y la importancia de experimentarlo. Es en ello que se concentran sus fuerzas mentales y físicas. Su llamado exige estudio y ejercitación.

Sepa que su discurso es una comunicación de doble vía

El discurso no es solo comunicar información de manera automática. Involucra un proceso mental y emocional dentro de un punto de referencia. Se basa en la experiencia de interacción social en la que se comparten ideas, actitudes, sentimientos y emociones. Todo esto con el propósito de influir y cambiar actitudes. En ese sentido, la comunicación es un proceso que implica dinámica y acción. Abarca la generación, la recepción, la interpretación y la integración de ideas. Esto viene a ser una prueba tangible de que los seres humanos se hallan en relación entre sí. Por ello, necesitan compartir con otros sus situaciones interiores y externas. El punto es que la finalidad de toda comunicación es influir sobre alguien o modificar su conducta. Si no se logra ese fin, pierde sentido. Prepare cada conferencia con el propósito de suplir alguna necesidad humana.

La conferencia no es una simple transmisión de ideas respecto a un tema y lo que piensa acerca del mundo. Por el contrario, se encuentran inmersas las actitudes y predisposiciones del orador hacia sí mismo. En ella también participan de manera dinámica las actitudes de la audiencia hacia el comunicador y su entorno. La conferencia como proceso comunicativo nunca será un mero dar o recibir estáticos. Es una actividad dinámica de interacción social que afecta el espíritu, cuerpo, los sentidos, el pensamiento, la palabra, la conciencia, actitudes, movimientos y acciones, tanto de los que transmiten el conocimiento como de los que la reciben.

El orador es el responsable del triunfo o del fracaso

Si triunfa en su discurso, el mérito no es del público, es suyo. Esto es más fácil de comprender, pues la victoria siempre tiene padre, la derrota suele ser huérfana. Pero la verdad es que, si fracasa, el único responsable es usted, estimado orador. No le eche la culpa a la mala suerte, a los dioses, al patrocinador, y al público, menos. Tenga presente que nadie del público está conspirando para que usted fracase, ¡no! Está de su lado. Es prácticamente imposible que alguien del público esté deseando que a usted se le trabe la lengua, que sea aburrido, se le olvide el contenido, se resbale y caiga. Los asistentes desean que el orador sea agradable, que todo salga bien, que imparta una buena conferencia, que muestre liderazgo. ¡El público está de su lado! Hay una interacción positiva del público hacia el orador. Esto se demuestra cuando la exposición termina y ha sido brillante: el público se pone de pie, aplaude, se regocija, está alegre y motivado. También se demuestra cuando al conferencista se le reseca la garganta y se ve en apuros, ¡el público sufre! Le da pena lo que le sucede al orador. O peor si se resbala o se cae, el público se asusta, se aflige y siente una gran vergüenza. Es una vergüenza ajena que no debiera sentir porque no es al público al que le ha sucedido, pero como desea lo mejor para el orador, se ruboriza. Esta es su forma de solidarizarse con él.

28. Forje cualidades

Sea íntegro

Viva lo que enseña. La vida y el conocimiento del orador destacado se entrelazan. Un médico gastroenterólogo obeso que diserte sobre los últimos descubrimientos de cómo mejorar el metabolismo no tiene la autoridad moral. El público pondrá en duda lo que comparta. El discurso no puede separarse de la vida del orador. Su estilo de vida es consecuente con lo que piensa y proclama. Por eso es necesario que el orador crezca en su vida personal, en el conocimiento de su área y en la práctica.

Lo que pensamos y lo que somos determina, en buena medida, la clase de mensaje que nuestros oyentes reciben. Nuestra personalidad, nuestro carácter, son vitales para producir un impacto real en la audiencia. No podemos vivir descuidadamente y pretender mostrar lo opuesto.

Sea idóneo

Hemos afirmado que todo ser humano posee un potencial de comunicación, pero hay que desarrollarlo. Tenemos que pasar por las etapas del principiante, el intermedio, el avanzado, el experto y el consumado. Eso sí, no basta llegar al más alto nivel y quedarse ahí. Hay que conservar el ritmo. Es como mantener el hacha afilada para no golpear muchas veces sin obtener el resultado deseado. El ser efectivo en la oratoria que transforma y edifica a la audiencia, se fundamenta en la capacidad y la erudición. Así resulta una buena mezcla de estudio, conocimiento, mente clara, confianza, corazón encendido y una disposición férrea hasta el último suspiro. Todo eso unido hace idóneo al orador.

Sea moldeable

La vida del orador extraordinario está moldeada por toda clase de sufrimientos. Eso no es un aliciente, ni una buena noticia para el orador novato. Porque todos los que iniciamos el camino de la oratoria tenemos anhelo de ser como los grandes oradores, pero desconocemos las adversidades que han vencido.

El conferencista José Luis Izquierdo, conocido como mago more, ha tenido éxito como mago, empresario, guionista, actor, articulista y, por último, como conferenciante. Después de triunfar en varias empresas, alguien le propuso que diera una charla. En el momento dijo: "No, nunca he dado una charla", pero luego pensó y dijo: "¿Y por qué no? Tengo mucho que ganar y poco que perder", así que se lanzó. También allí triunfó. Pero la suma de éxitos que ha logrado se ha forjado en medio de adversidades tan fuertes como la de tener un hijo con parálisis cerebral, con todas las luchas y dificultades que ello implica. Él comparte esa realidad durante su charla "La fuerza de la voluntad, esa gran desconocida".

https://www.youtube.com/watch?v=CsGbnenVlvA

Hoy es reconocido como un líder en presentaciones de eventos, teniendo múltiples presentaciones anuales. Lo interesante es que dentro de sus planes no estaba el ser un conferencista profesional, connotado.

Muchos quisieran tener el alto nivel de comunicador profesional de José Luis, pero dudo de que la mayoría quisiera tener un hijo con parálisis cerebral.

¡Grandes oradores vemos, adversidades no conocemos!

Sea sensible

El orador eficaz es tocado primero por el contenido de su conferencia. Es muy difícil que el orador impacte a los oyentes en sus mentes y sus corazones si él no lo ha sido previamente. Si el discurso no provoca en él convicción y entusiasmo, no lo hará en la audiencia.

Le animo a que se muestre radiante durante todo el tiempo que dure el discurso.

Muéstrese fogoso

Aquí hablamos de vehemencia, de arder en denuedo, de comunicar con determinación, independientemente de su personalidad y talentos natos. Se trata de hablar con voz de trueno al disertar, relampaguear cuando conversa, brillar en actitud. Es entregarse por completo.

Sea comprometido

El compromiso del orador es fundamental para el éxito de su carrera. Comprometido con la verdad, con su público, con su nación, viviendo de manera coherente con lo que enseña. Se percibe a sí mismo como instrumento dispuesto para facilitar conocimientos a otros.

Sea humilde

Parte de la grandeza de un orador es la humildad. Puede ser uno de los mejores oradores profesionales, pero si la audiencia percibe que el orador resbala en la hondonada de la petulancia, en el acto, se distanciará. El orgullo apesta e impregna rápidamente el lugar donde ha hecho acto de presencia.

El orador también batalla con toda clase de adversidades. Es contraproducente mostrarse invencible, pero se ganará la confianza de los oyentes cuando se muestre vulnerable. Sea humilde, no mire por encima del hombro a los demás a causa de sus triunfos.

El orador capaz y humilde siempre será recompensado por su público.

Sea prudente

No existe ser humano que no haya ofendido alguna vez con sus palabras. Si algo es difícil de controlar es ese pequeño miembro llamado lengua. Sin querer decimos palabras ociosas, imprecisas, que hieren sensibilidades.

Sea sensato en todo lo que dice y cómo lo dice. Una palabra oportuna es como la sal que sazona, una palabra inoportuna es como el vinagre en los dientes. La palabra, una vez expresada, ya no la puede controlar.

Sea dueño de su libertad al disertar y sea dueño de su silencio cuando deba callar. Si menciona algún asunto controversial, que sea con respeto, señalando que todos podemos equivocarnos, pero sin dejar de mostrar convicción. Nunca ponga en evidencia la ignorancia del público, ni menosprecie a nadie por ninguna causa. Una sola frase errada puede derribar un buen discurso.

Sea laborioso

Trabaje intensamente en la elaboración de su conferencia. Sepa que hay que pagar el alto precio en entrega y perseverancia. Si los grandes músicos dedican ocho horas de estudio diario a su instrumento, si los grandes deportistas entrenan dos veces al día, si los grandes maestros de ajedrez estudian entre ocho y doce horas diarias, cuánto más tendrá que estudiar y trabajar diariamente el orador que anuncia un mensaje transformador. Solo así se pueden despertar los anhelos dormidos y resucitar la vida de hombres y mujeres que caminan, pero están muriendo cada día.

Un discurso sorprendente puede requerir años, meses, semanas, o una buena cantidad de horas, dependiendo de la temática, de la profesión y del contenido. Es un proceso de estudiar, investigar, reflexionar, escribir y preparar para finalmente dar a luz a esa criatura que se llama discurso.

Al trabajar el discurso de esa manera, con una esmerada preparación, sabe que se coloca en una ventajosa posición de triunfo.

Manténgase gozoso

Hay poder en un servicio feliz. Muestre alegría. Es un error creer que el orador ganará respeto si se muestra serio. Cuando usted permanece gozoso, sus fuerzas aumentan, su sistema inmunológico se fortalece y contagia el buen ánimo a los demás.

Sea diligente

Un orador diligente es aquel que tiene una actitud pronta hacia su sagrado trabajo. Usa su inteligencia con economía de recursos y un alto grado de eficiencia. Es responsable con el gran privilegio del llamado a la comunicación. Sepa que necesita invertir tiempo en preparación. No se queda en lo básico, se adentra en el estudio.

No piense que, con un poco de conocimiento, otro de simpatía más una dosis de improvisación es suficiente. La mediocridad se abrirá camino ancho en medio de la disertación. El orador perezoso jamás triunfará.

Persevere en practicar

El que practica mucho ya no teme tanto. Lo he comprobado una y otra vez. Si ensayo suficiente el discurso, lo domino, entonces voy con gran entusiasmo y la inquietud tiene poca cabida. Me siento cómodo ante el público, viene sobre mí cierta autoridad que me da libertad para expresarme.

Ensaye, ensaye y ensaye. No se arrepentirá. Es el único método que no falla. Todo aquel que practica desarrolla confianza y va perfeccionando la destreza.

Es prudente que sepa exactamente el tiempo que dura su discurso. Así puede darse el lujo de agregar algo que venga al caso, pero tiene que ser preciso y hacer algún paréntesis si es oportuno, pero no más.

Si puede practicar en la locación de la conferencia, mejor. Le ayudará a familiarizarse con el lugar. Ensaye también movimientos, postura, perspectivas. Haga pruebas con el PowerPoint si viene al caso.

El aprender a hablar bien se adquiere haciéndolo. Algo positivo ocurre cuando practicamos en voz alta lo que se piensa, cuando lo decimos frente a un espejo, frente a un público imaginario o un grupo de confianza. Ocurren ajustes psicológicos, prácticos y nemotécnicos que redundarán en un discurso brillante.

Un discurso célebre es el resultado de muchas horas de preparación y ensayo.

Sea sobrio

El orador sobrio cultiva buenos hábitos. Vigila constantemente su comportamiento. Está atento a lo que sucede, pero mantiene la cordura. No se atreve a despertar admiración personal. Al contrario, procurará mostrarse como es sin auto engrandecer su nombre. El orador que intenta despertar admiración para sí mismo lo que pone en evidencia son sus deseos personales.

Sea transparente

Sea como usted es. Muestre las cosas como son, sobreponiéndose al temor de ser rechazado. No todos estarán de acuerdo, pero verán con claridad su transparencia. Si actúa de ese modo, se quitará un peso innecesario, tendrá autoridad. Eso ayuda a echar fuera el perfeccionismo autoimpuesto que solo genera miedo al ridículo. Recuerde que nadie es perfecto. Todos tenemos fortalezas y flaquezas. Avancemos basándonos en nuestra fortaleza y no en nuestras debilidades.

Sea sincero

Nada bueno se afirma sobre la mentira, la exageración, la adulación o la autopromoción de imagen. Tarde o temprano se sabrá qué hay debajo del maquillaje del orador, así como se detectaba la cera que colocaban los escultores antiguos sobre sus obras defectuosas para venderlas como si fueran perfectas. Al cabo de un tiempo, los compradores regresaban a reclamarle al escultor.

La sinceridad está entretejida en la veracidad. No nos engañemos. Los oyentes disciernen la sinceridad y la hipocresía del conferencista.

Sea estudioso

Es necesario que el orador lea mucho sobre su área de trabajo y otras afines, que tenga un cúmulo de conocimiento. Porque, algunas veces, alguien del público pregunta. Pero no para saber, sino con mala fe, procurando poner en evidencia la ignorancia del orador. Los oradores prominentes leen varios libros por semana. Están al día.

29. Forje su propio estilo

Sea original

No imite a otros oradores. Usted es único en su personalidad. En esa particularidad tiene la ventaja de comunicar su contenido como ningún otro en el mundo. En el podio, el orador no es el doble de otro. Tampoco es un comediante. Es un testimonio viviente de sus convicciones y su conocimiento.

Puede aprender de otros oradores, todos necesitamos mentores. Nadie parte de cero. Pero no hay que jugar a imitar a los grandes de la historia o a los contemporáneos. Hará el ridículo y se desvalorará usted mismo. Use su personalidad. Sea original. Eso le da autoridad en la plataforma.

Sea expresivo

Exprese sus sentimientos de manera genuina cuando esté disertando. No tenga vergüenza de derramar lágrimas delante de la audiencia.

No estoy diciendo que en cada conferencia el orador llore, ¡no! Lo que estoy diciendo es que exprese sus emociones de manera libre. El ser vulnerable tiene mucho impacto efectivo en la audiencia: «Comunicas lo que sientes. Y lo que sientes no lo puedes esconder» (Ramón-Cortés, 2012).

Comunique con soltura

Hable con plena libertad de acuerdo con su personalidad. Grandes oradores con espontaneidad se apoyan sobre el podio, se jalan la barba, dan golpes sobre el podio, saltan, corren, lloran, gimen, ríen... Cautivan a la audiencia porque lo hacen con soltura, no es una acción fingida. Es su propio estilo. Todo brota con naturalidad al no estar atado por prejuicios, no le embargan la timidez ni los titubeos.

Diserte con claridad

Sea eficiente en usar un lenguaje que entienda el promedio de las personas. Construya ideas diáfanas, conceptos entendibles, oraciones sencillas. Use un vocabulario comprensible, palabras de un solo significado. No abuse de tecnicismos ni frases rebuscadas. Los pensamientos claros expresados penetran fácilmente en las mentes de todos los oyentes.

Cuando son conferencias especializadas, es obvio que se usarán palabras técnicas; aun así, se pueden explicar de manera sencilla. Si alguien supo expresar ideas científicas de manera clara fue Einstein. Él dijo: "Si una persona no puede explicar algo con palabras sencillas, ella misma no lo ha entendido".

La claridad en la comunicación del mensaje es una necesidad. Si no la hay, la ambigüedad concebirá y dará a luz confusión.

También es un error que el orador escoja palabras de difícil pronunciación. Todo cuanto exprese dígalo con la autoridad de quien conoce bien el tema, de lo contrario, su discurso se parecerá a la acción de dar golpes al aire. Es obligatorio que el orador mejore siempre la manera de expresarse, pero no tiene que confundir tampoco la versatilidad con la elocuencia, ni la palabrería con la sólida y clara argumentación.

Sea conciso

Use solo las palabras apropiadas para expresar justamente lo que quiere decir. Exprese lo que tiene valor real de comunicación. No cantinflee. Evite redundancias, confusiones y trivialidades para no enredar al público y abusar del tiempo.

El público le agradecerá que diga con eficiencia el tema durante veinte minutos, media hora o cuarenta y cinco minutos en lugar de una o dos horas.

30. Cuide, eduque y use correctamente su voz

Use adecuadamente su voz

El uso adecuado de la voz es importante en la comunicación. La voz es un factor decisivo si queremos comunicarnos de manera eficaz. Por eso, es obligatorio conocer las cualidades de la voz y manejarlas bien, afirma E. Rodero en su conferencia "Persuade con tu voz, estrategias para sonar creíbles": https://www.youtube.com/watch?v=YlI-e4QJWG0.

Señala que son cuatro los factores:

La intensidad: Se relaciona con la capacidad del volumen de la voz. Suba o baje la voz de acuerdo con lo que está comunicando. El volumen de la voz es efectivo variarlo donde tengamos que alzar la voz y bajarlo en un momento solemne.

El timbre: Es el peculiar modo de sonar que tienen las distintas voces de acuerdo con la caja de resonancia de voz que se nos ha concedido. Por eso la voz de cada persona es única. Úsela de manera natural.

El tono: Por naturaleza, unas voces son agudas y otras graves, porque las cuerdas vocales son diferentes en tamaño y grosor. En los discursos tenemos que subir y bajar el tono para no sucumbir en la monotonía. Esta produce toxicidad en el ambiente.

La duración: Se relaciona con hablar lento o rápido. Hay momentos en los que es oportuno hablar rápido para imprimir emotividad, y otras de manera lenta, cuando se desea transmitir solemnidad.

Cuide la calidad de su voz

Para que se produzca el sonido de nuestra voz, entran en movimiento varias partes de nuestro aparato fonador. Mantengámoslo en excelentes condiciones. Para ello, es necesario realizar ejercicios de calentamiento, al igual que se necesita calentar los músculos antes de practicar cualquier deporte. De lo contrario, se sufren lesiones leves, agudas, o crónicas. Sería nefasto para un orador que se lesionara las cuerdas vocales de manera irreversible.

Comprendamos que la voz tiene que salir con la fuerza desde el pecho, no de la nariz, ni con la garganta. Al realizarlo de esa manera ayuda a mantener la voz clara, sonora y si el timbre de voz es agudo, se puede mejorar.

Treasure da ejemplos de algunos ejercicios sencillos, funcionales de cómo calentar la voz:

a)   Levantar los brazos e inhalar profundo y exhalar, varias veces.
b)   Pronunciar la frase: ba, ba, ba, ba, cerrando los labios al principio y abriéndolos con fuerza al decir ba, ba, ba, ba.

c) Pronunciar de manera extendida con la "r": rrrrrrrrrrrrrrr, tomando aire al principio y luego decirla con fuerza.

d) Decir palabra monosílaba: la, la, la, la, la, la, la, la, comenzando a pronunciarla con la lengua pegada al cielo de la boca y luego soltarla hacia abajo.

Pronunciar varias veces, alternando sonidos agudos: guiiiiiii… y graves OOOHHH guiiiiiiii OOOHHH.

https://www.ted.com/…/julian_treasure_how_to_speak_so_that_people_want_to_listen

Cultive su dicción

Todo buen orador obtiene una buena dicción a base de estudio y práctica. Pronuncia distintamente las consonantes y las vocales usando todo el aparato que hace posible que se entiendan las palabras: la lengua, los labios, los dientes, el maxilar, el paladar y el velo palatino. La precisión y nitidez de los sonidos emitidos son la base de la correcta dicción.

El idioma español se habla de manera distinta en los países de habla hispana. Se pronuncia con diversos acentos. Es por eso que distinguimos el lugar de origen de muchas personas al oírlos hablar: al mexicano, por el "cantado" y por ciertas palabras como "ándale" "¿a poco?"; al argentino, por la pronunciación acentuada en las palabras que llevan LL como cabaLLO, gaLLina; al español de España, porque casi siempre habla rápido y utiliza el "vosotros", "andáis", "vale"; al portorriqueño, porque se come la letra "r", pronuncia "animal" en lugar "animar"; al cubano, porque alarga y da abertura a las vocales: "maaami", "cooosa", el uso expreso del pronombre personal y su posición invertida en las preguntas "¿cómo tú estás?"; al guatemalteco, en cuanto que pronuncia "cabaio", "gaina", "amarío", en lugar de caballo, gallina, amarillo… "verdá", "usté", "ciudá" en lugar de verdad, usted, ciudad.

Estas inexactitudes en la dicción son comunes en todos los países, los distintos niveles de estudio y aún en los profesionales.

El ideal para el orador es encontrar la entonación nítida, que pronuncie todas las vocales y consonantes. Se puede lograr con mucho ensayo.

Hoy encontramos en muchos noticieros a presentadores profesionales que pronuncian bien las palabras y realizan la entonación correcta, por lo que es difícil identificar su país de origen. Eso significa ser un profesional de la comunicación.

Adquiramos una excelente dicción en todo el buen sentido de la palabra.

Hable de manera natural

Hable de manera espontánea. El orador que imposta demasiado su voz al subir al pódium se arriesga a que lo definan como uno que aparenta ser lo que no es. Usted no es un locutor de radio y televisión, es un profesional de la comunicación oral que habla con naturalidad. Si finge la voz, es capaz de fingir humildad. No hay que llevar un ropaje de falsa humildad que se quita al bajar.

Ponga énfasis

Las verdades esenciales de un discurso pasan inadvertidas si no se les pone énfasis. Por eso es necesario destacarlas por medio la voz, la modulación, la gesticulación. Se consigue el énfasis subiendo de tono, poniendo fuerza solo en esas palabras, frases u oraciones que se desea destacar. Los gestos coadyuvan a poner énfasis en las partes esenciales del discurso.   El énfasis en el discurso se asemeja a las palabras, frases y oraciones entre comillas, inclinadas o subrayadas.

31. Maneje la expresión corporal

Use con prudencia la expresión corporal

El lenguaje corporal usado con exactitud sustenta lo que decimos con palabras. Funciona. Las películas con lenguaje mudo de Charles Chaplin, todo mundo las entiende, aunque no oigan palabras y vean solo expresiones corporales. Pero en la oratoria tiene sus limitaciones. No es determinante para que el mensaje comunicado conecte perfectamente con los asistentes.

Los manuales tradicionales de oratoria le dan demasiada importancia al lenguaje corporal para comunicar efectivamente el mensaje. Está claro que ayuda, pero no es suficiente. Es un elemento secundario.

He observado a oradores que se mueven de un lado a otro, sin parar, implementando excesivos ademanes que no reafirman lo que están diciendo. El resultado es que los oyentes se fijan más en los movimientos que en el contenido de la presentación.

El lenguaje corporal habla: cuando nos metemos las manos en los bolsillos, queremos decir algo, cuando levantamos las dos manos hacia el frente queremos decir algo, cuando levantamos el brazo derecho con la mano empuñada, queremos expresar algo. Hay expresiones corporales y faciales que se entienden en cualquier parte del mundo: una sonrisa, un ceño fruncido, mover la mano de un lado al otro con el brazo en alto.

Espontáneamente producimos expresiones corporales y faciales cuando alguna persona nos da un pisotón sin quererlo, o cuando a nuestro coche se le agota la gasolina; cuando estuvimos a punto de ganarnos un premio, al recibir una buena o mala noticia, etc.

El asunto es darle el lugar exacto que tiene dentro del discurso. Ni más ni menos. Es atinado moverse de manera estratégica y que el lenguaje corporal sea acorde con lo que se dice. Pero lo contundente es el mensaje del discurso, no la forma del discurso, ni el lenguaje corporal.

Si nos atenemos al ejemplo del mejor maestro y orador de la historia, Jesús de Nazaret, descubrimos que no le daba importancia al lenguaje corporal. Enseñaba sentado:

> *Lucas 5:3 (Biblia RV60) "Entrando en una de aquellas barcas, la cual era de Simón, le rogó que la apartase de tierra un poco; y sentándose, enseñaba desde la barca a la multitud".*

> *Juan 8: 2 (RV60) "Y por la mañana volvió al templo, y todo el pueblo vino a él; y sentado él, les enseñaba".*

Sentado y sin muchos movimientos corporales, Jesús de Nazaret ha sido el mejor comunicador que ha existido. Nadie ha enseñado extraordinarios discursos como él. Cada vez que enseñaba, cautivaba de manera inmediata las mentes y los corazones de los oyentes. "Nadie ha hablado como ese hombre", decían los que le oían.

He visto muchos oradores que apenas se mueven del pódium y tienen cautivada a la audiencia por la forma en que hablan y por el contenido excelente que comunican. He visto y escuchado a oradores que comunican el mensaje sentados, como el exótico orador Darío Salas. Siempre mantenía cautivados a sus oyentes, independientemente de si lo que enseñaba era correcto o no. Nadie podía negar su elocuencia. Siempre mostró un buen sentido del humor. Conocí a otro orador que no se movía en absoluto, su timbre de voz no era fuerte, pero sus enseñanzas eran tan acertadas que miles de personas acudían a sus conferencias.

Observé a un orador que era cojo, subió a la plataforma arrastrando su pierna derecha, apoyó sus manos sobre el podio. Comenzó a hablar de tal manera; con vehemencia, convicción y con un contenido de excelencia, que cautivó a la audiencia de principio a fin. Y qué decir del orador Nick Bullisick, que nació con el síndrome de tetra-amelia[10]. Está identificado como uno de los mejores oradores motivacionales del mundo.

Otra vez, si coordinamos de manera natural la gesticulación con lo que estamos diciendo, es efectivo. El gesto natural debe ser un compañero inseparable de la palabra. La expresión, los brazos y las manos que reafirmen adecuadamente los pensamientos, son poderosos. Un orador que no utilice gestos y que su discurso sea aguado está doblemente condenado al fracaso. En este caso, se escuchan solo palabras y sonaría igual que oír una perorata en labios de un vendedor de medicina mágica en una feria de pueblo.

Un orador que deja que sus gestos hablen, refuerza sus argumentos y vigoriza los pensamientos. Pero recordemos: lo esencial es el contenido que se transmite, no el lenguaje corporal. No quiero decir que seamos anti expresivos. Es perjudicial mostrar fisonomías nefastas como un rostro tenso o un ceño fruncido, una sonrisa nerviosa, con los hombros caídos o encogidos y los pies débilmente apoyados, encorvados, con el cuerpo echado hacia adelante. Eso sería una tragedia andante (Betancur, 1999).

Manténgase erguido

Manténgase erguido, sin rigidez. La postura es el espejo del alma y dice mucho de su personalidad. Aunque es elemental el consejo, he visto a varias personas que hablan a otras con una mala postura: inclinados hacia a un lado, a semejanza de la torre de Pisa; o encorvados, inclinando su espalda, cuello y cabeza hacia adelante como pato bebiendo agua. Eso refleja inseguridad y desánimo.

Cuando el orador se mantiene erguido, inspira confianza y su apariencia mejora. El abdomen abultado mejora con una correcta postura. Cuando el orador camina de un lado a otro de manera natural y recta, lanza un mensaje auténtico.

El mantenerse erguido de frente al público significa echar un poco la espalda y los hombros hacia atrás, levantar levemente la cabeza y apoyar firmemente sus dos pies ligeramente separados de manera relajada. Si le colocan un micrófono de solapa, los brazos y las manos pueden permanecer tranquilamente a los lados. No se ponga nervioso porque no sabe qué hacer con las manos, ¡olvídese de que tiene manos! Así como se olvida durante el discurso que tiene corazón, hígado,

---

10. Un raro trastorno de nacimiento caracterizado por la ausencia de brazos y piernas

orejas, nariz. Si quiere usar ademanes, ensaye los que podría realizar con sus manos para reforzar ideas de firmeza, fuerza, invitación, certeza, paciencia, etcétera.

32. Cuide su apariencia personal

Sea minucioso con su vestimenta, su cabello, sus zapatos, sus atuendos, etc. Estos han de ser acordes con su personalidad, con el lugar y con el tipo de conferencia. No estoy sugiriendo estilos de vestir propios de ciertos países, épocas, o culturas. Si hablamos del cabello, indistintamente del estilo, que esté bien peinado; si usa barba, que esté bien recortada; si usa bigote, recortado al estilo moderno, no al estilo de Pancho Villa o de Hitler. Independiente de la ropa, llévela limpia y planchada. Si usa corbata, que sea acorde con las del momento. Que sus zapatos estén lustrosos. El auditorio no sentiría respeto por el orador que se presenta con una imagen descuidada: cabello, vestido y zapatos desalineados.

TERCERA PARTE
Consejos sobre el público

Consejos sobre el público

33. Dé una buena impresión al público

Sabemos que la primera impresión es importante. Por eso es significativo que el discurso sea excelente y que se comparta en un ambiente lozano. Supervise todo. En particular cuando usted en lo individual o su empresa sea la encargada de organizar las conferencias. Esta parte no es fácil. Comience con la elaboración del plan acerca del contenido de la conferencia, de la cantidad de personas que se espera que lleguen a la conferencia, la renta del lugar, la promoción, mercadeo, publicidad, venta de entradas... Le sugiero que contrate a un coordinador general que vea todos los aspectos de las distintas áreas mencionadas, desde el lugar de las conferencias, la logística de montaje y el plan de promoción hasta los aspectos financieros.

Si la conferencia se dictará en dos partes en una mañana, tiene que sumar todos los detalles del menú y el tiempo de descanso.

En este caso, usted es el responsable de que todo comience y termine bien. No escatime nada en la planeación y la ejecución para que todo sea de excelencia. Esa será su mejor publicidad.

34. Conozca a su público

Antes de elaborar un discurso, es necesario que tenga claro el propósito del mismo, porque está relacionado con la clase de audiencia que quiere alcanzar. Cuando sepa cuál es su grupo de interés, investigue sus preferencias para encajar los contenidos, el lenguaje y el formato de conferencia a trabajar. Esta acción es obligatoria cuando le piden trabajar una conferencia para un grupo específico en cuanto a edad, profesión, sexo, educación, etc.

Normalmente, la agenda de la conferencia la marca el orador, y en ese sentido vendrá la clase de público interesado. De todas maneras, es bueno conocer la cultura de los que asistirán.

En algunos casos puede suceder que el público sea heterogéneo porque la conferencia da para ello.

35. Genere empatía

El ponerse en el lugar de los asistentes hace más humano al orador, y los que le escuchan se identifican porque son seres de carne y hueso. No son una masa. Todos son carentes de algo. Precisan encontrar el sentido de su existencia, su vocación, y los que ya la han encontrado necesitan ser animados a continuar. No es de extrañar que en la audiencia haya personas con temores y preocupaciones, aunque no lo parezca. En algunos casos, temen desde los asuntos más pequeños hasta las realidades últimas como la enfermedad, la vejez y la muerte. Pero no saben cómo enfrentar el temor y el sufrimiento. Si el orador tiene claras esas realidades, comprenderá la importancia de ser pertinente con el público, generando un alto grado de empatía.

Otra acción del orador que genera empatía es la de incluir anécdotas con lugares, costumbres, personajes o comidas de la ciudad en la que diserta. Eso personaliza su presentación, la enriquece y ganará la voluntad y el corazón de los asistentes.

36. Observe a su público

Es efectivo que usted mire a su público desde los primeros segundos. Pasee su mirada de izquierda a derecha, regrese al centro y del centro hacia atrás sin pronunciar palabra, manteniendo un semblante amigable, una sonrisa sobria, sincera. Esto envía el mensaje que se preparen porque usted está a punto de comenzar su discurso. Esta acción ayuda a percibir la disposición del público. Usted lee en los rostros de los asistentes si están interesados o si hay cierta apatía. Mantenga esa práctica durante todo el discurso de manera discreta para saber si está conectando con el público. Si usted se da cuenta de que algunos están hablando, bostezando o con rostros sombríos, es que hay algo que no está funcionando. Y lo más seguro es que el responsable sea usted.

37. Ignore los prejuicios del público

¿Cómo sabemos de los prejuicios del público cuando presentan al orador? Bien, nosotros mismos hemos tenido prejuicios cuando hemos visto por primera vez al orador. Lo primero que hacemos es observarlo de pies a cabeza. Nos fijamos en su ropa, su cabello, su complexión, sus zapatos… Y nos vienen a la mente algunas ideas como estas: "Está gordito", "¡Qué flaco se ve!", "La corbata no le combina bien", "Se ve serio", "Que simpático", "Su nariz es chata", "Tiene mal gusto para vestirse", "Su boca es grande", "Parece demasiado pasivo", "Su peinado es ridículo", "Ya casi no tiene cabello". Todo eso pasa en segundos por nuestra mente.

Un orador testificó lo siguiente: «Me encontré con una dama en el hotel donde yo me hospedaba. Había oído hablar de mí. Le dijeron que yo era fulano de tal y que era el conferencista invitado. Se acercó y de manera espontánea me dijo: "pensé que era más gordito, más alto, me lo imaginaba de piel blanca". Total, me estaba diciendo con otras palabras, que esperaba a otra persona diferente de la que estaba viendo». Las personas siempre tienen prejuicios cuando ven por primera vez al orador, cuando han oído hablar de él y luego lo conocen en persona.

¿Qué hacer? Lo que procede es que usted diserte de manera brillante desde la introducción hasta la conclusión. Los asistentes quedarán gratamente impresionados y sus pensamientos prejuiciosos huirán de sus mentes.

38. No olvide que el público es protagonista

En todo proceso comunicativo son importantes tanto el que diserta como el que escucha. Es necesario que el orador lo tome en cuenta. El mensaje y el oyente integran la auténtica comunicación.

Si el orador no está llegando con el discurso a los asistentes y se aleja de sus necesidades, se levantará inmediatamente una pared difícil de abatir. Si ocurre lo contrario, que el mensaje emitido es recibido por el auditorio, entonces habrá empatía, intercambio mental y anímico de ideas, sentimientos, que enviarán señales de retroalimentación al disertante: atención, sonrisas, rostros de satisfacción, aplausos. El público estará motivado a interactuar libremente en un momento de preguntas y respuestas si lo hay.

Todo esfuerzo encaminado a una efectiva comunicación con el público conlleva tener en mente el ánimo, la cultura, la edad y la capacidad cognitiva del público, el otro protagonista del proceso comunicativo. Esto será provechoso para el orador y la audiencia.

39. Es mejor que diserte ante un público homogéneo

Para disertar ante un público homogéneo tienen que alinearse dos elementos: la especialidad del orador y el grupo interesado en esa especialidad. Una conferencia titulada "La educación es un arma para la transformación" o "Necesitamos un nuevo modelo de educación" impartida por un profesor distinguido, involucrado en la investigación de cómo mejorar continuamente la educación y el proceso de aprendizaje, frente a un público conformado por profesores de pregrado (de instituto) y estudiantes destacados, resultará en una conferencia simbiótica de gran altura.

CUARTA PARTE
Consejos sobre locación y circunstancias

Consejos sobre locación y circunstancias

40. Gestione lo relacionado con la locación

Esté al tanto de los aspectos de gestión y logística

Usted puede hacerse cargo de la planeación y ejecución de la conferencia. Ahora, si usted no quiere o no puede realizar la tarea de toda la logística, analice la opción de contratar a una empresa que se dedique a ello. Hay muchas ventajas para el orador cuando es invitado por una empresa que se dedica a gestionar conferencias. No se preocupa de la estrategia de comercio, la locación, los aspectos físicos, técnicos y otros: publicidad, promoción, nicho, capacidad, escenografía, producción, edición, iluminación, si se filma. Tampoco del cupo, las sillas, el podio, la venta de entradas, etc. Se ocupa exclusivamente de elaborar y comunicar el mejor discurso posible.

Está claro que si lo invitan esa clase de empresas es porque usted ya tiene una trayectoria profesional.

Visite el lugar de la conferencia

Si usted organiza el evento, es importante que conozca el lugar donde va a servir su discurso. Si es el caso en el que a usted lo invitan, le conviene más concentrarse en el discurso y en lo que compete a usted mismo como el instrumento que transmite un mensaje. Pero no está demás conocer de antemano aspectos de estrategia: la capacidad del lugar, la distancia para estar con antelación, la forma del salón, la pantalla de proyección, el equipo de audio para probar su micrófono de solapa, de pie o de mano, ordenador, apuntador, tableta, USB, para asegurarse que todo funcione perfectamente. Si estará de pie, sentado y el espacio en el que se puede mover.

No deje nada al azar porque le vendrán sorpresas desagradables que jugarán en su contra. Eso perjudicará la imagen y el desarrollo de la conferencia. La audiencia tendrá un mal recuerdo.

Procure suficiente iluminación

Si usted junto a su equipo son los que realizan el montaje para su conferencia, es fácil que planeen que todo el auditorio quede bien iluminado. Si le han invitado como orador y la organización no está bajo su control, pida amablemente que haya suficiente luz en todo el auditorio. No existe razón estratégica para someter bajo penumbra a todos los asistentes. A menos que sea una conferencia que incluya una sesión esotérica.

Me he encontrado con auditorios iluminados en la plataforma y semioscuros en resto de la locación. La idea es que resalte la figura del conferencista. La intención es buena, pero resulta difícil mantener contacto visual con los asistentes, obtener retroalimentación de cómo está llegando el discurso. Suma el hecho de que en un ambiente lóbrego es fácil caer en los brazos de Morfeo[11].

Diserte sin objetos alrededor suyo

Los oradores famosos, los humoristas internacionales, no se atrincheran tras escritorios, podios, muebles que cubren la mitad del cuerpo. Tampoco se rodean de adornos. No instalan como fondo cuadros, murales, ni otros distractores. Se presentan al público de cuerpo entero. Eso abre campo libre para la comunicación efectiva entre este y su público, que aprecia ver a su orador directamente. El destacado conferenciante, escritor y maestro de cursos para hablar en público D. Carnegie, descubrió hace décadas que ni siquiera era aconsejable que nos colocaran un vaso con agua. Menos una jarra llena de agua encima de una mesa. Él recomendaba usar unos granitos de sal cuando se resecaba la garganta. (Carnegie, 2003).

Por experiencia, confirmo que todos estos objetos son obstáculos para comunicarse de manera eficaz con nuestros interlocutores.

Me agrada la sobriedad y la poca utilería que usa *BBVA Aprendemos juntos*[12] en sus conferencias difundidas por YouTube. En esa modalidad observamos que el orador invitado sencillamente lo sientan a nivel del público en una silla moderna, sobria, una mesita al lado sin ninguna otra utilería. Está frente a sus interlocutores, que están sentados a dos metros de distancia en forma escalonada para que haya

---

11. Morfeo es el dios mitológico griego al que se le atribuía ser el dispensador del sueño a los hombres.

12. Proyecto educativo español para una vida mejor que utiliza el medio de las charlas y conferencias a grupos específicos de interés sobre las distintas áreas del conocimiento y experiencia de emprendedores.

visibilidad hacia el orador. La locación no está saturada de adornos y tiene una iluminación profesional. No usan PowerPoint. La charla es fluida, directa, vivencial, sin mucho lenguaje corporal, excepto el que pueda expresar estando sentado. Se respira libertad, empatía. Resulta en una especie de diálogo con las preguntas y respuestas que se dan a la mitad o al final de la charla. Esta modalidad está rompiendo paradigmas. Lo sorprendente es que la duración promedio de las charlas y conferencias son de una hora. He visto decenas de ellas observando al público y este permanece atento. La modalidad de *BBVA Aprendamos juntos*, sigue sumando éxitos.

41. Tome en cuenta el contexto local

Tome en cuenta el contexto geográfico local. Familiarícese con las realidades culturales, sociales y políticas donde participa. La conferencia no se da en un vacío. Si le han invitado a servir una conferencia en otro país, sea muy prudente. No es lo mismo disertar en un pueblo rural de Latinoamérica que en la ciudad de Nueva York o en Madrid. Ni siquiera dentro del mismo contexto de todos los hispanoparlantes latinoamericanos y los que residen en Estados Unidos. Tenemos hábitos alimenticios, sociales y culturales diferentes. También existen matices en nuestro idioma: "Está claro que en el caso de los hispanos tenemos un mismo trasfondo cultural, pero es complejo, variado, que encaja dentro de lo que se llama subcultura y que refleja la diversidad de los países de origen" (González-Jiménez, 2005).

Sea precavido con los ejemplos y anécdotas que comparte. Necesita asegurarse de que son comprensibles para esas comunidades.

Tenga presente la diversidad

Tenga claro que no es sensato tocar temas sensibles como: niveles sociales, política, religión, raza, capacidades intelectuales o físicas, etc. Lo que menos desea todo buen orador es ofender. Las personas han invertido tiempo y dinero para ser edificadas, no vilipendiadas. Cuando los asistentes son heterogéneos, tienen distintas costumbres, creencias. Pertenecen a diferentes clases sociales, ideologías, culturas.

Familiarícese con la modalidad

Es necesario que el comunicador se adapte al formato que le compete y a las características de las diversas clases de comunicar un mensaje:

Simposio de 10 a 15 minutos por participante.

Panel y mesa redonda 10 a 15 minutos.

Sesión temática y sesión de conversación 10 a 15 minutos.

Taller y presentación de libros puede variar un poco: 30 a 60 minutos.

Discursos de 10 a 60 minutos.

Conferencias de temas libres y diversos de 18 a 60 minutos.

Otras plataformas de conferencias permiten diversidad de temas y un tiempo de 18 minutos exactos[13]. Lo cual me parece acertado, porque si en 18 minutos no puede decir algo útil el orador, no lo hará en 30, 40 o 60 minutos.

42. Cómo enfrentar imprevistos, yerros, olvidos

Imprevistos:

– Si alguien se muestra indiferente desde el principio

Es posible que ocasionalmente se tope con uno o dos asistentes en las primeras filas de asientos que se muestran fríos desde que usted sube a la plataforma y se para frente al público. Rostros agrios, brazos cruzados, miradas duras, son algunas de sus manifestaciones. ¿Qué es lo que procede hacer ante tal situación? Sugiero que su primera acción sea mirarlos fijamente por unos segundos con una SSS: sonrisa sobria y sincera, dándoles a entender que usted no está sonando tambores de guerra, que está con una buena disposición para todos los asistentes, quizá reaccionen y cambien de actitud. Si esto no sucede, la segunda acción es ignorarlos por completo. Dirija su mirada a todos aquellos que están gratamente atentos recibiendo el contenido de su conferencia.

---

13. El formato de esta organización es de 18 minutos exactos y con un protocolo establecido al que deben sujetarse todos los conferencistas. "Conferencias TED", es una organización de medios que publica charlas en línea para una distribución gratuita bajo el lema "ideas que vale la pena difundir". TED fue concebido por Richard Saul Wurman en febrero de 1984 como una conferencia, y se lleva a cabo anualmente desde 1990".

— Si alguien se levanta y comienza a contradecir

Esta situación es difícil que acontezca, pero no imposible. Si se da el caso, hay varias acciones que se pueden tomar:

Trate de ignorarlo. Usted tiene micrófono y puede alzar un poco más la voz. La persona que está interrumpiendo, no.

Si pasan más de diez segundos y no se calla, pida ayuda. En esa situación ya no se puede ignorar el inconveniente. Es obvia la interrupción. Apele a los encargados del orden o de los que ayudan en bienvenida y logística, diciendo más o menos estas palabras "pueden ayudar a la persona que está hablando, quizá necesite algo". Es una manera sutil para decir a los del orden que sofoquen el incipiente incendio y saquen al culpable.

Si su discurso es político, en el auditorio sin duda habrá diversidad de personas con distintas ideologías. Si alguien refuta en voz alta lo que usted dice, usted podría expresar las siguientes palabras: "Dos discursos no podemos escuchar. Si alguien no está de acuerdo, puede expresar su punto de vista de manera respetuosa por escrito en el tiempo de preguntas y respuestas y daremos contestación a sus inquietudes". Esta acción inesperada para el opositor lo puede desconcertar y hacerlo enmudecer o bien tomar el camino sugerido. Otra acción arriesgada que puede funcionar es que lo invite a que pase al podio por unos segundos a expresar su punto de vista, esto lo puede apabullar y hacer que se calle. Tiene que meditarlo. Si usted no quiere arriesgarse, ignórelo por completo, soporte, concéntrese en su tema y siga como si nada pasase.

En el ámbito de las conferencias de prensa de tinte político, cualquier cosa puede suceder. En una ocasión, George Bush hijo esquivó dos veces lanzamientos de zapatos mientras daba una conferencia. Claro, el agresor fue detenido inmediatamente.

Ante situaciones semejantes, mantenga la calma para no descontrolarse. El sentido común le ayudará a detectar si realmente hay que responder con una acción drástica o no. Si el orador se turba, se pone nervioso, se enoja o grita, ha perdido la batalla. Todo terminará con mal sabor de boca. En estos casos se cumple el dicho: "El que se enoja, pierde". Pero si resiste, no se deje arrastrar por el inconveniente, saldrá airoso con la admiración de todos los asistentes.

– Si algo técnico no funciona o deja de funcionar.

Hay que saber la diferencia entre imprevisto y negligencia. Si por no llegar temprano, no cerciorarse con el equipo técnico de que su ordenador, vídeo o presentación funcionan y falla algo, es negligencia. Recuerdo a un conferencista que había avanzado un tercio de su charla y se dio cuenta de que la batería de su ordenador se había agotado. Con un rostro afligido, pidió que le trajeran un cargador. Eso es negligencia.

Pero si ha realizado una lista de verificación, todo está bien y de pronto no se reproduce el vídeo, o se atora el PowerPoint, salga al rescate de inmediato. Algunos oradores tienen la habilidad de decir algo gracioso, original, que los hace salir bien parados. No todos tenemos esa destreza. La mejor forma de enfrentar el imprevisto es retomar la conferencia y avanzar con lo que usted sabe y se ha preparado mientras arreglan el fallo. Y si no se arregla, tendrá que terminar con lo que recuerda. Por eso es aconsejable llevar un bosquejo escrito de la conferencia, algo que parece anticuado, pero nos puede salvar de una tragedia comunicativa.

Michael Bay sugiere algunas acciones para recuperarse de un imprevisto:

Hacerlo con humildad, pero con la frente en alto.

Seguir adelante sin hacer ruido sobre el asunto.

Si se nota, reírse de ello y tomárselo con calma.

Aceptar ayuda si alguien la ofrece y la necesitamos.

Michael también comparte ideas de cómo gestionar preventivamente los fallos:

El ensayo previo: Ensayar tanto como sea necesario para que el discurso salga fluido.

La experiencia: A más rodaje, más fácil la recuperación.

Las pruebas logísticas: Ver que todo funciona como toca antes de que comience la ponencia.

(https://sebastianlora.com/blog/gestionar-imprevistos-al-hablar-en-publico/)

Yerros:

— ¿Qué hacer si decimos algo inexacto y nos percatamos?

Si decimos: "El comandante y astronauta Armstrong fue el primer ser humano que pisó la superficie de la luna el 21 de julio de *1979*" y nos damos cuenta de nuestro yerro, es mejor expresar inmediatamente "1969 quise decir" que "perdón, 1969", "perdón por la equivocación", "perdónenme, no es la fecha que dije". No hay que acentuar nuestra equivocación sino minimizarla.

Olvidos:

— ¿Qué hacer cuando olvidamos la idea que teníamos en mente?

Oradores consumados y novatos, entrevistados y entrevistadores, jóvenes y adultos, hombres y mujeres, no se escapan de un olvido ocasional traicionero. Nos ha pasado más de una vez que, en medio del fluir de nuestra plática o discurso, olvidamos la idea siguiente que íbamos a explicar. Si esto acontece dentro de un ambiente familiar o conversación entre amigos, no es trascendente, pero cuando le ocurre al disertante en público en una locación privada o en una charla frente a medios de comunicación, la situación se torna gris.

Se puede decantar por estas salidas:

— Ganar tiempo por medio de preguntas o afirmaciones

Mientras recuerda la idea exacta y retoma el hilo del pensamiento:
¿Qué piensan ustedes de lo que he venido exponiendo?
"Pueden ir anotando dudas o inquietudes que tengan de lo que hemos visto hasta aquí".

— Tomar la última palabra de la frase que dijimos

Y comenzar con esta un nuevo pensamiento.

Carnegie nos da un excelente ejemplo.

"Imaginemos a un orador que está hablando sobre el éxito en los estudios y se encuentra en un callejón sin salida después de haber dicho: el estudiante no descuella en sus estudios porque no se interesa suficientemente en las investigaciones fuera de la universidad, contentándose con lo que su profesor le enseña. Carece de iniciativa".

Propone que tomemos la palabra "iniciativa" y comencemos a hablar sobre ello, aunque no tengamos idea exacta de lo que iremos diciendo.

Es obvio que no diremos algo muy elaborado sobre la iniciativa, pero si podemos expresar cuestiones básicas sobre lo que es iniciativa, por qué es importante y la necesidad de empezar ya. Luego podríamos hilar la frase de "empezar ya "con la prudencia que exige "no posponer" las acciones. Así sucesivamente.

El mismo autor nos advierte que esto funciona mientras salimos del olvido. No podemos seguir así hasta el infinito, porque terminaríamos hablando de asuntos ajenos a nuestro tema y triviales como el precio de las patatas, si hay vida en otros planetas o los tulipanes de Holanda.

– Brincar al siguiente punto de nuestro bosquejo

Algunos quizá notarán que hemos cambiado abruptamente, o que ha quedado algo incompleto. La mayoría no lo notará. Es mejor eso que quedarse en silencio quince o veinte segundos tratando de retomar el hilo. Esos segundos se sentirían eternos. Evite una tragedia de esa magnitud a cualquier precio.

Conclusión

Estos consejos sobre el discurso, el orador, el público, la locación y las circunstancias funcionan. Los he comprobado personalmente. Por ello, le exhorto a que crea que todo aquel que quiera convertirse en un buen orador lo conseguirá, no importan los temores, los obstáculos y sus limitaciones. Si pone en práctica estos consejos, inmediatamente observará su progreso. Ahora sabe que el orador no nace, se hace. Conoce cómo elaborar discursos sorprendentes y exponerlos con potencia. Ha leído los secretos para ganar la atención del público desde los primeros segundos, para ganarse la voluntad de los asistentes y desarrollar con eficacia el contenido de su discurso. Está al corriente de cómo concluir de manera eficaz. Tiene los lineamientos para obtener buenos resultados porque conoce el propósito de todo discurso extraordinario: demostrar, agradar, convencer, despertar un nuevo anhelo; todo con el fin de edificar y transformar vidas, familias, ciudades y naciones. Conoce las características esenciales de todo buen orador y las verdades que necesita saber sobre su público. Además, conoce cómo gestionar lo relacionado con la locación, cómo enfrentar los desafíos de las circunstancias y los imprevistos. No tiene excusa.

Estos consejos son el resultado de bregar en la comunicación oral por más de tres décadas, de estudiar la ciencia y el arte de la comunicación, de leer libros sobre cómo hablar en público, de elaborar hasta la fecha, más de cinco mil discursos y comunicarlos, participar como conferencista en varias facultades universitarias, instituciones de diversa índole, hablar en programas de radio y televisión, de escuchar la radio y ver en YouTube y la televisión cientos de discursos de distinta índole, analizarlos y sacar conclusiones, conocer las teorías científicas de la comunicación, dictar conferencias, ponencias, discursos, participar en paneles.

Me falta camino por recorrer en estas lides. Eso sí, he procurado en cada discurso elegir un tema pertinente, captar la atención desde el inicio, construir un buen título, una acertada introducción, un buen desarrollo con unidad coherente en las diferentes partes del discurso, destacando la idea principal por medio de verdades esenciales que se deriva de ella. Me he esforzado por comunicar el discurso de manera sencilla, interesante, creíble y con pasión.

Por tanto, lo motivo a usted que ha leído este libro a que comience ya. Sí, comience a transitar por el camino de los oradores que han aprendido a comunicarse de manera sorprendente y pasar de los discursos comunes a los extraordinarios.

¡Descubra el fascinante mundo del poder y la fuerza de la palabra hablada!

Bibliografía

ARRASTÍA, C. (1993). *Teoría y práctica de la proclamación.* Nashville: Caribe.

BELTRÁN, J. (1994). *Para comprender la Psicología.* Navarra: Verbo Divino.

BETANCUR, M. (1999). *Dichosos los que saben hablar, la exposición elocuente,* Bogotá: Editores Colombia.

BRYANT, J. y ZILLMANN, D. (1196). *Los efectos de los medios de comunicación: investigaciones y teorías.* Barcelona: Ediciones Paidós Ibérica.

CARNEGIE, D. (2003). *Cómo hablar bien en público, e influir en los hombres de negocios.* Buenos Aires: Editorial Sudamericana.

CICERÓN, M. T. (1991). *El orador.* Traducción española de Marcelino Menéndez Pelayo. Madrid: Alianza Editorial.

FERNÁNDEZ DE LA TORRIENTE, G. (1993). *Cómo hablar correctamente en público.* Ed. Norma.

FRANKL, V. (1999). *El hombre en busca del sentido último, el análisis existencial y la conciencia espiritual del ser humano.* Barcelona: Ediciones Paidós Ibérica.

GÁLVEZ, R. (2001). *Teología de la comunicación: un acercamiento bíblico a los medios masivos de comunicación.* Barcelona: CLIE.

GONZÁLEZ, J. L. y JIMÉNEZ, P. A. (2005). *Pulpito: An introduction to hispanic preaching.* Nashville: Abingdon Press.

HOFF, P. (1989). *Se hizo hombre.* Florida: Editorial Vida.

INTERIANO, C. (1999). *Cultura y comunicación de masas en Guatemala.* Madison: Editorial Estudiantil FENIX.

JARAMILLO, L. (1998). *Un tal Jesús.* Florida: Editorial Vida.

LASSWELL, H. D. (1990). *Estructura y función de la comunicación en la sociedad.* Madris: Paulinas.

LE BONE, G. (2012). *Psicología de las multitudes.* Granada: Comaneres.

MACARTHUR, J. (1996). *Cómo balancear la ciencia y el arte de la exposición.* Miami: Caribe.

MARTINEZ, J. (1987). *Hermenéutica bíblica.* Barcelona: CLIE.

MCCLINTOCK, A. y ELLIS, R. (1993). *Teoría y práctica de la comunicación humana.* Barcelona: Ediciones Paidós Ibérica.

MORGAN, C. (1974). *Preaching.* Michigan: Baker Publishing Group.

PANTOJA, R. (1986). *Los 18 secretos de Rafael Pantoja de cómo hablar en público.* Guatemala: Artemis & Edinter.

PRICE, D. (2012*). Weel Said! Presentations and conversations that get results.* EE.UU.: Amazon.

RAMÓN-CORTEZ, F. (2012). *La isla de los cinco faros*. Barcelona: Planeta.

RIESS, C. (2015). *Joseph Goebbels*. EE.UU.: Fonthill Media.

SALAS, C. (2017). *Storytelling. La escritura mágica: Técnicas para ordenar las ideas, escribir con facilidad y lograr que te lean*. Madrid: Mirada Mágica, SRL.

SILVA, K. (1995). *Manual práctico de homilética, la tarea de la proclamación*. Miami: Unilit.

SPURGEON, C. H. (1981). *Discursos a mis estudiantes*. Texas: CBP.

V. V. A. A. (1987). *La fuerza de las palabras. Cómo hablar y escribir para triunfar*. México: Selecciones del Reader's Digest.

Egrafía

https://amhistory.si.edu/docs/GettysburgAddress_spanish

https://www.imperivm.org/cont/textos/txt/plutarco_vidas-paralelas-tvi-de-mostenes.html

https://www.youtube.com/watch?v=CsGbnenVlvA

https://sebastianlora.com/blog/gestionar-imprevistos-al-hablar-en-publico/

https://www.ted.com/talks/julian_treasure_how_to_speak_so_that_people_want_to_listen?language=es

https://www.youtube.com/watch?v=kVtIMAC5Y-s

https://www.oei.es/historico/divulgacioncientifica/?La-neurociencia-y-las-emociones-un-aporte-a-la-educacion.

https://www.youtube.com/watch?v=Vg5sfCX8B8I

https://www.youtube.com/watch?v=YlI-e4QJWG0.